KB167215

인체의 신비

차례

Contents

신비의 몸

온통 뿌옇다. 유령과 귀신, 미신, 마술, 신비주의로 가득 차 있는 듯하다. 한국사회는 칼 세이건의 표현처럼 '악령(惡靈)이 출몰하는 세상'인가?

21세기 인간 유전자의 전모가 한겹한겹 벗겨지는 세상에도 한국사회에서는 적어도 건강과 관련한 부문에서는 과학적으로 이해할 수 없는 일들이 버젓이 벌어지고 있다. 케이블 TV나 신문 광고에서 온갖 건강식품이 만병통치약인 양 포장되고 있고 자극적이고 비과학적인 선전술을 구사할수록 상품의 매출이 올라간다. 서점의 건강·의학서적 코너에는 신비주의의 색채가 짙을수록 잘 팔린다.

왜 이런 일이 벌어지고 있을까? 여러 가지 이유가 있겠지만, 또 필자도 그 책임에서 떳떳할 수는 없겠지만, 가장 큰 원인은 과학이 국민과 멀리 떨어져 있기 때문이 아닐까? 1970년대 학교마다 '과학입국(科學立國)'이라는 슬로건이 메아리쳤지만 아직 과학은 국민 속으로 스며들지 않은 듯하다. 오히려 과학적 사고는 요원하기만 해서 과학의 영역에서 '브나르도 운동'을 펼쳐야 할 지경이다. 과학을 어렵게만 가르쳐온 우리 교육현장의 잘못이 가장 큰 원인은 아닐까? 교실에서 과학적 지식은 가르치지만 '과학적 사고'를 가르치지는 않는다.

특히 의학의 영역을 보면 원생동물이 어떻고, 파충류는 어떻고는 가르치지만 진작 우리 몸의 오묘한 원리에 대해서는 별로 가르쳐 주지 않는다. 필자는 주위에서 감기와 독감이 왜 다른지를 학교에서 배웠다는 사람을 보지 못했다. 미국과 유럽에서 남성암의 1위는 전립샘암인데 전립샘이 무엇인지 배운 사람도 못 만나봤다. 당연히 몸의 과학이 일반인에게 다가설 기회가 적은 것이다. 무지가 무판단으로 이어지고 온갖 것에 사로잡혀 건강을 망치고, 패가망신하는 것이다.

이 책은 국민의 과학적 판단과 의학 분야를 문학·사회학·예술사·철학 등 다른 학문의 흥미로운 사실에 접목을 시도한 결과물을 모은 것이다.

필자는 교실에서 우리의 몸에 대해 가르쳐 주지 않고, 많은 사람이 '의학은 고리타분한 의학자들만의 전유물'로 여기고 있지만, 건강 상식과 의학은 우리 곁에 있다는 점을 강조하고 싶었다. 「대학(大學)」에 나오는 수양 원리인 수신제가치국평

천하(修身齊家治國平天下)의 수신(修身)을 하려면 우선 지신(知身), 즉 자신의 몸에 대해 알아야 되는데 지신을 위한 재료는 몸 전체에 깔려 있다는 점을 보여 주고 싶었던 것이다. 물론 이 책을 읽고 전혀 그런 점을 느끼지 못했다면 전적으로 필자의 아둔함, 무능 탓일게다.

일부 독자들은 이 책의 의학 용어들을 다소 생경하게 느낄지도 모르겠다. 이 책에서는 최근 대한의학회에서 기존의 난삽한 의학용어를 개정한, 쉽고 정확한 새 용어를 사용하고 있다. 전문가가 조금만 노력하면 의학이 얼마나 쉽게 대중에게 다가설 수 있는지 분명해진다.

아무쪼록 이 졸고가 많은 사람이 몸에 대해 과학적으로 생각하고 수신(守身)을 위해 좀더 의학에 관심을 갖게 되는 징검다리 구실을 하기를 간절히 바란다.

시(詩)와 함께 떠나는 몸 여행

세상을 담는 눈

내 그대 그리운 눈부처 되리
그대 눈동자 푸른 하늘가
잎새들 지고 산새들 잠든
그대 눈동자 들길 밖으로
내 그대 일평생 눈부처 되리
그대는 이 세상
그 누구의 곁에도 있지 못하고
오늘도 마음의 길을 걸으며 슬퍼하노니
그대 눈동자 어두운 골목

바람이 불고 저녁별 뜰 때
내 그대 일평생 눈부처 되리

(정호승의 시 「눈부처」 전문)

이 아름다운 시를 비롯해 소설가 정찬주의 우화집 『눈부처』, 시인 고형렬의 「성에꽃 눈부처」 등에서처럼 '눈부처'란 낱말은 요즘 문학 작품에서 참 자주 등장하는 단어다. 눈부처는 '눈동자에 비치는 사람의 형상'을 뜻하는 순우리말로 시어(詩語)가 되기에 손색이 없는 아름다운 말인 듯하다.

영화 「카사블랑카」에서 험프리 보가트가 "당신의 눈동자에게 건배를"이라고 속삭이며 잉그리드 버그만의 눈동자를 바라볼 때, 버그만의 눈동자 속에 어린 보가트의 모습이 바로 눈부처다. 그런데 연인의 눈부처로 비친 자신의 모습은 거울에 비친 자신의 모습과 사뭇 다르다. 눈은 외형을 반사하기만 하는 단순한 거울이 아니라 해부학적 의미 이상의 무엇인가가 있는 것이다. 왜일까? 눈은 '세상을 담는 창'이기도 하지만, 자신의 내면을 드러내는 '마음의 창'이기 때문은 아닐까?

사실 사람의 눈을 보면 그 사람의 정신 상태를 알 수 있다는 점은 과학적으로도 설명된다. 눈은 뇌와 함께 만들어지며 해부학적으로 시각신경 구조가 뇌와 공통된 부분이 있어 '밖에서 보이는 뇌'로도 불린다. 즉 '뇌의 생각'이 눈에 나타날 수 있는 것이다.

이러한 눈은 해부학적으로 눈알과 부속기관으로 구별된다.

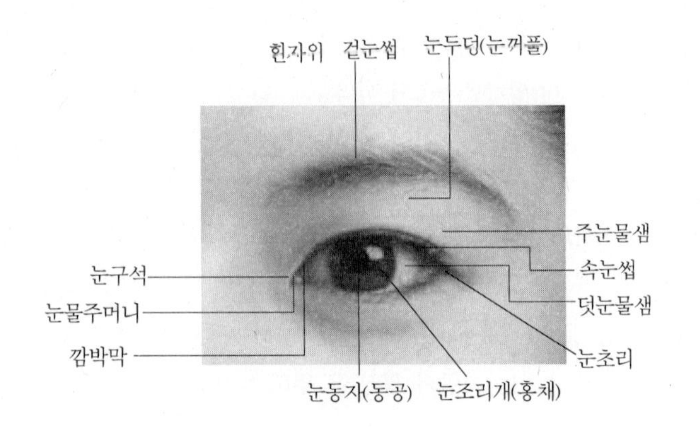

눈알은 무게 7g, 지름 24㎜, 부피 6.5cc로 탁구공 모양이다. 이 중 눈망울은 밖으로 드러나는 부분으로, 좁게는 눈동자가 있는 곳을 가리킨다.

눈동자 색깔이 사람마다 다른 것은 눈동자를 덮는 홍채의 멜라닌 색소의 양과 모양이 다르기 때문이다. 파란 눈에 파란 색소, 갈색 눈에 갈색소가 있는 것은 아니다.

사람의 흰자위는 유달리 선명해서 이 부분이 갈색인 유인원과 구별된다. 검은자위가 흰자위와 뚜렷이 구별되기 때문에 사람은 먼 거리에서도 상대방의 눈길이 움직이는 것을 알 수 있으며 또 '눈으로 말하는 것'이 가능해진다.

인류학자들은 또 유인원의 눈이 동그란 것과 달리, 사람 눈이 옆으로 길쭉한 것은 사람이 수평인 세계에 적응하면서 진화했기 때문이라고 설명한다.

눈의 여러 부위 중, '눈시울을 적신다'고 할 때의 눈시울은 속눈썹이 난 곳을 가리키는데, 한 쪽 눈시울에 200여 개씩 난 속눈썹은 늙어도 색이 변하지 않는 유일한 털이다.

눈의 코쪽 끝엔 연분홍빛 깜박막(순막, 瞬膜)이 있다. 사람의 깜박막은 눈곱이 끼는 것 외에 별다른 기능이 없지만, 동물의 깜박막은 눈감을 때 눈알을 덮어 보호하고 뜨면 접히는 '커튼', 눈을 깜빡일 때 늘어나 눈을 닦는 '와이퍼', 자맥질할 때 각막을 덮는 '물안경' 등의 역할을 한다. 물론 이런 것들이 사람에게 남아 있다고 해도 눈의 주기능이 될 수는 없을 것이다. 눈의 주기능은 뭐니뭐니해도 '보는 것'이기 때문이다.

시각 정보는 각막→앞방→수정체→유리체를 거치면서 영상이 뒤집혀져 망막에 맺히지만 대뇌의 마루엽(두정엽)과 뒤통수엽(후두엽) 사이에 있는 시각중추가 한 번 더 정보를 뒤집기 때문에 세상을 바로 볼 수 있다.

눈은 흔히 카메라에 비유된다. 각막은 카메라의 필터에 해당하며 수정체는 렌즈, 망막은 필름에 해당한다. 그리고 각막과 수정체 사이의 앞방에는 방수(房水)라는 물이 차 있으며 수정체와 망막 사이의 공간에는 유리체라는 찐득찐득한 물질이 있어 일정한 압력으로 눈의 모양을 유지한다.

신생아는 밝은 불빛에 반응하는 정도의 시력만을 갖고 있다. 생후 6개월 때 0.1, 돌 때 0.2였다가, 5-6세는 돼야 정상시력을 갖는다.

처음 안경을 끼는 것은 대부분 시각 정보가 망막 앞에 맺혀 먼 곳의 물체를 잘 못보는 근시 때문이다. 근시는 수정체에서 시각 정보를 너무 많이 굴절시키거나 눈알의 앞뒤 길이가 너무 길어져 일어난다. 한국에서는 뒤의 경우가 대부분인데 어린이나 청소년 때 몸이 커지면서 눈알도 커지기 때문에 근시가 생기는 것이다.

많은 사람은 책을 오래 보거나 TV나 컴퓨터 모니터를 많이 보면 시력이 나빠진다고 여기지만 안과 전문의들은 '글쎄요'라는 반응을 보인다. 유전적 원인이 가장 크다는 것이다. 안과 의사들은 대부분의 근시가 공부를 가장 많이 하는 고교 때가 아니라 중학교 때, 즉 키가 가장 많이 크고 눈알 크기도 가장 많이 변하는 시기에 발생하는 것을 보면 눈을 혹사한다고 시력이 나빠지지는 않는다고 설명한다. 동물실험 결과, 근시가 생기려면 하루 12시간 이상 1m 이내의 물건만 봐야 하는데 현실적으로 이런 상황에 있기란 쉽지 않다. 한국에서 TV에 가까이 가면 저절로 꺼지는 '시력보호 TV'가 개발돼 판매된 것은 난센스라 할 수 있다.

그런데 공부를 잘 하는 사람 중에 안경을 쓴 사람이 많은 것은 사실이다. 이에 대해서는 책을 많이 봐 근시가 생겼다기보다는 근시인 사람은 유전적으로 덜 활동적이며 공부에 매달릴 가능성이 크다고 설명하는 의학자들이 많다. 흔히 많은 부모들은 아이가 가까이서 TV를 보면 눈이 나빠진다고 혼을 내는데, 오히려 눈이 나빠서 TV를 가까이서 볼 가능성이 크므로 안과에 데리고 가 시력을 재는 것이 우선이다.

하지만 TV나 책, 컴퓨터 모니터를 가까이서 오래 보는 것이 시력과 전혀 관계 없는 것은 아니다. 성장기에 매일 컴퓨터 모니터에 매달려 있다면 눈이 나빠지는 보조 원인으로 작용할 가능성은 얼마든지 있다. 또 무엇보다 시력이 약화되지는 않아도 눈이 피로하고 집중력이 떨어지는 등의 일은 얼마든지 생길 수 있다.

흔히 시력을 잴 때 마이너스 5디옵터(-5D)식으로 마이너스라고 표현하는데 시력에는 마이너스가 없다. 마이너스는 안경을 맞출 때 오목렌즈를 쓴다는 뜻이다. 또 많은 사람이 시력만 알면 안경을 처방받을 수 있다고 생각하지만 안경은 시력이 아니라 굴절 검사를 통해 눈의 굴절력을 측정해 처방한다. 굴절력은 카메라의 조리개에 해당하는 홍체가 수정체의 두께를 조절하는 능력이다. 따라서 시력이 같아도 안경의 도수가 다를 수 있다.

먼 거리가 안 보인다고 모두 안경을 처방 받아야 하는 것은 아니다. 어린이 중에 일시적으로 근시가 생기는 '가성근시'가 있으며 이는 약물치료로 해결할 수 있다. 가성근시인 아이가 안경을 쓰면 영영 근시가 돼버린다.

망막엔 1억 3,000만 개의 막대세포와 700만 개의 원뿔세포가 있다. 이 중 막대세포는 명암, 원뿔세포는 색깔을 구별한다. 원추세포는 적·녹·청색을 구별하는 세 종류가 있으며, 색약은 이 중 두 가지가 제 기능을 못하는 것이고, 색맹은 한 종류 이상이 아예 없는 것이다.

일반적으로 사람만이 감정의 눈물을 흘린다고 알려져 왔지만 미국 하버드대학 동물학자들은 새끼를 잃은 어미 바다수달이 고통에 찬 눈물을 흘리는 것을 발견했다. 하여튼 '감정의 눈물'은 스트레스로 호르몬이 과다하게 분비될 때 이것을 밖으로 내보내 몸 안에서 '독'으로 변하는 것을 막는다.

감정의 눈물, 즉 슬프거나 기쁠 때 감정이 북받쳐 오를 때 흐르는 눈물은 눈꺼풀에 덮여있는 눈알 위쪽 가장자리에 있는 '주 눈물샘'에서 펑펑 나온다. 이 눈물은 눈 밖으로 그대로 흘러나오기도 하지만 '눈물의 하수도'인 눈물소관, 눈물주머니, 코눈물관을 통해 코로 빠져나가기도 한다. 이보다 더 중요한 것은 평소 아무도 모르게 나오는 눈물이다. 이 눈물은 평소 흰자위에 있는 60여 개의 덧눈물샘에서 1분에 1.2㎕(㎕는 1백만분의 1ℓ)씩 나와 눈알 표면의 눈물층에 흐르다가 코로 빠져나간다. 사람은 보통 2~3초마다 눈을 깜빡거려 눈물을 배출시키며 평소 한쪽 눈에는 6-7㎖의 눈물이 흐르고 있다. 따라서 '눈 깜짝할 사이'는 2~3초가 된다. 이 눈물들은 절대 없어서는 안 된다. 눈동자는 핏줄이 연결돼 있지 않기 때문에 눈물을 통해 산소와 영양분을 공급받는다. 따라서 눈물이 없으면 눈동자의 세포가 말라 죽게 된다.

또 눈물에는 온갖 면역물질이 들어있어 군대 역할을 한다. 최근 과학자들은 눈물의 성분 가운데 락토페린을 암 치료제, 리소자임과 리보뉴클레아제를 에이즈 치료제로 개발하고 있다. 많은 사람이 외출 뒤 손을 씻듯 눈알도 깨끗이 씻어야 한다고 생각하지만 눈알을 뽀도독뽀도독 씻거나 세숫대야에 얼굴을 담그고 눈을 깜빡이며 눈을 씻는 등의 눈물을 물로 씻어 없애는 행위는 일종의 자해(自害) 행위다. 이런 행동은 적군이 침입하는데 혹시 아군에 간첩이 있을지도 모른다고 군대를 해산하는 것과 똑같다. 세수할 때에는 눈을 감은 채 눈꺼풀을 지그시 누르면서 씻으며 눈곱만 가볍게 떼어내야 한다.

많은 사람은 눈이 건조하면 약국에서 인공눈물을 사 넣고 해결하려고 하는데, 인공눈물은 오로지 임시방편으로 써야 한다. 평소 실내 가습기를 틀고 자주 환기해서 주위 환경을 습하게 유지하는 것이 근본 치유에 더 가깝다. 또 눈을 자주 깜빡이면 정서가 불안하다고 욕을 먹을지 몰라도, 눈 건강을 위해서는 틈틈이 눈을 자주 깜빡이는 것이 좋다. 이렇게 해서 눈물샘을 자극해 눈물이 나오도록 한 다음 눈을 감고 손가락으로 눈을 눌러주는 것이 좋다. 눈을 눌러주지 않더라도 틈틈이 눈을 감고 쉬면 눈물이 눈 안으로 골고루 퍼지게 된다. 눈물 생성 시스템은 잘 자야 원활히 기능하기 때문에 눈을 촉촉하게 만들려면 충분히 자야 한다. 눈동자가 초롱초롱해 눈부처가 선명한 것이 미인의 조건이므로 '미인은 잠꾸러기'라는 말은 옳은 듯하다.

경구피임약, 감기약, 이뇨제 등을 먹고 눈이 메마른 느낌이 들면 '눈마름증(안구건조증)'일 수 있으므로 전문의와 상의해야 한다. 눈마름증은 노화나 류머티스관절염, 얼굴신경마비 등의 병 때문에 생기기도 한다. 일부는 눈물이 시도 때도 없이 줄줄 흐르는 유루증(流漏症)으로 고생하는데 역설적이지만 이것의 대부분은 눈물이 적은 눈마름증 때문이다. 덧눈물샘에서 눈물이 적게 나와 눈이 자극을 받기 때문에 주눈물샘에서 갑자기 눈물이 쏟아져 나오는 것이다. 한편 '나이가 들면 눈물이 많아진다'고 하는데 감정의 눈물은 많아질지라도 평소의 눈물은 적어진다. 다만 눈물이 배출되는 코눈물관이 좁아져 눈물이 넘치는 현상은 나타난다. 여하튼 눈물은 건강의 필수 요소다. 눈물이 모자라면 별도 치료를 받아야 하고 심하면 수술까지 고려해야 한다. 평소 눈물이 잘 나오도록 눈을 단련시킬 필요가 있다.

숨의 여로, 호흡기

눈은 살아있다.
떨어진 눈은 살아있다.
마당 위에 떨어진 눈은 살아있다.

기침을 하자.
젊은 시인(詩人)이여 기침을 하자.
눈 위에 대고 기침을 하자.
눈더러 보라고 마음놓고 마음놓고
기침을 하자.

눈은 살아있다.
죽음이 잊어버린 영혼(靈魂)과 육체(肉體)를 위하여
눈은 새벽이 지나도록 살아있다.

기침을 하자.
젊은 시인 (詩人)이여 기침을 하자.
눈을 바라보며
밤새도록 고인 가슴의 가래라도
마음껏 뱉자.

(김수영의 「눈」 전문)

눈(雪)을 바라보며 가슴의 정화(淨化)를 노린 시인의 명시(名詩)는 의학적으로 옳았다. 기침과 객담(喀痰)은 호흡기의 청소작업이며, 이 과정을 통해 깨끗해진 허파가 백설(白雪)과 곧바로 '정신적 대화'를 할 수 있을 터이니까…….

의학적으로 설명하면 코와 입으로 '바깥바람'이 들어오면 목과 기관지에선 점액이 먼지입자를 걸러내고 이곳의 촘촘한 섬모들이 먼지투성이 점액을 아래에서 위로 쓸어올린다. 이 점액을 반사적으로 내뱉는 것이 기침이며, 고인 점액, 즉 가래를 뱉는 것은 객담이다.

특히 기침을 할 때는 허파 속의 공기가 음속의 85%로 기도(氣道), 즉 숨길을 '쌩'하고 통과하면서 호흡기를 깨끗하게 만든다. 호흡기는 코, 기관(氣管), 허파 등으로 이뤄지는데 여기에서 기관의 우리말은 '숨통을 죈다', '숨통을 끊다'고 할 때의 바로 그 숨통이다. 숨통의 어귀인 후두덮개는 숨쉴 때 열리고 음식이 인두로 넘어갈 때는 닫히는 '자동문'이다. 음식이 잘못 숨통으로 넘어오면 재채기로 '무단침입자'를 내쫓는데 이것을 '사레들렸나'고 한다.

공기가 드나드는 길인 숨길은 코·목 등의 상기도(上氣道)와 기관·기관지·세기관지 등의 하기도(下氣道)로 나눠진다. '만병의 근원'인 감기는 바이러스 때문에 상기도에 염증이 난 것이다. 그래서 감기를 의학용어로는 상기도염이라고 하는 것이다. 하기도의 숨통은 갈라져 두 개의 허파로 들어간다. 오른쪽 허파는 세 개의 폐엽, 왼쪽 것은 두 개의 폐엽으로 이뤄져 있으며, 왼쪽이 작은데다 혈관의 구조도 복잡해 이식수술이 더 어렵다.

숨을 쉴 때에 허파가 있는 가슴의 크기가 변한다. 가슴과 배를 나누는 '가로막(횡격막)'과 갈비뼈 근육이 신축함에 따라 들숨 때엔 가슴이 넓어지고 날숨 때엔 좁아지기 때문이다. 남자는 가로막이 많이 움직이는 배호흡, 여성은 갈비뼈근육이 주로 움직이는 가슴호흡을 하는 것이 서로 다르다.

평소 사람은 1분에 16번 정도 숨쉬는데, 이때 한 번에 500㎖의 공기가 드나든다. 최대로 공기를 들이마셨다가 내뿜을 수 있는 폐활량은 이보다 훨씬 많아 남성은 3,500㎖, 여성은 2,500㎖ 정도다. 마라토너 이봉주의 폐활량은 보통사람의 1.7배로 알려져 있다.

흔히 운동을 하면 폐활량이 늘어난다고 알려져 있지만 이는 잘못된 상식이다. 폐활량은 폐에서 기능을 하는 면적을 가리키는 것으로 어른이 돼서 운동을 한다고 늘릴 수 없다. 다만 달리기, 속보 등 유산소운동을 하면 호흡 시스템이 원활히 움직이게 되고 결국 폐의 기능이 좋아져서 폐활량이 늘어나는 것과 비슷한 효과를 보게 되는 것이다.

한편 뇌에서 호흡을 맡는 중추는 숨골(연수)이다. 능숙한 백정이 소를 잡을 때 작은 망치로 양 뿔 사이를 내리쳐 한방에 숨을 끊을 수 있는 것은 바로 이곳에 숨골이 있기 때문이다.

허파는 기능적으로 가스 교환장이다. 허파엔 3억 개의 허파꽈리(폐포)가 빼곡한데 하나의 크기는 100~200㎛이다. 이것을 합쳐서 펴면 100㎡로 체표면적보다 50배 넓으며 테니스코트 반 정도 넓이다.

허파꽈리엔 실핏줄이 거미줄처럼 얽혀 있고 구체적으로 이곳을 통해 가스가 교환된다. 심장에서 온 혈액은 이곳에서 이산화탄소를 버리고 들숨을 통해 들어온 산소를 갖고 다시 심장으로 '회항'한다. 따라서 허파와 심장은 '이빨과 잇몸의 관계'일 수밖에 없다.

심근경색증이나 심장기능저하증(심부전)이 생기면 허파에서 심장으로 가야 할 혈액이 허파로 되돌아와 허파에 '홍수'가 나고 숨을 못 쉬게 된다. 또 허파가 약해지면 심장의 무리로 이어진다.

허파는 아늑한 곳에서 보호받는 다른 장기와 달리 공기와 직접 접촉하기 때문에 '신체 밖 장기'라고 불린다. 또 허파에는 코, 숨통 등과 달리 방위능력이 없기 때문에 다른 장기보다 이식할 때 감염 위험이 높다. 따라서 폐 이식의 성공률이 다른 장기보다 낮으며 제한된 경우에만 이식수술을 한다. 특히 산 사람의 폐 일부를 환자에게 이식하는 '생체 폐이식'의 경우 공여자의 안전이 위협받을 수 있으므로 극히 드물게 시행된다.

폐 이식수술은 폐의 내부가 파괴돼 호흡할 수 없는 폐기종, 폐가 점점 딱딱하게 굳는 폐섬유증 등으로 숨이 차서 일상생활이 불가능하고 18개월 이상 살기 힘든 사람을 대상으로 한다. 그러나 폐 공여자가 부족해 이식이 필요한 사람 중 3%만이 혜택을 받고 있는 실정이다.

음식물의 여행길, 소화기

참으로 요사스런
꽃이었다.

비오는 날
언덕받이에
그렇게 애처롭게 피더니,
…(중략)…

그것은 젊은 날
비 속에서
애간장을 태우던
정령(精靈)이었다.

(이성교의 시 「여인에게」 중)

우리의 시인들은 '애끈친' '애끈히' '애끗나게' 등 애타는 가슴을 표현하려고 사전에 없는 시어들을 많이도 만들어냈다.

옛사람들은 얼핏보면 전혀 상관없을 것 같은 창자와 간을 묶어 애간장으로 말해 왔는데, 현대 과학자들조차 애(창자의 옛말)와 간장이 밀접하다고 말한다. 간에서 쓸개즙을 만들어 소장에 보내 소화를 돕기 때문이다. 게다가 간은 독성물질을 분해하는 등 소화작용에 관여하므로 간이 아프면 병원의 소화기(消化器) 내과에 가야 한다.

애와 간장을 비롯해 밥줄(식도)·밥통(위) 등 소화기의 세계에 대해 알아보자.

사람이 음식을 먹으면 우선 입과 밥줄이 첫 소화를 담당한다. 치아가 음식물을 듬성듬성 부수면 침 속의 아밀라제가 녹말을 분해하고 식도는 이것을 꿈틀꿈틀 위로 보낸다.

이어서 위(밥통)는 '덩이' 속에 있는 긴 단백질을 토막내고 소장으로 보낸다. 놀랍게도 위에선 염산이 나오는데 위는 강산성(强酸性)을 견디는 구조여서 별 탈이 없지만 구토할 땐 식도가 쓰릴 정도이다. 폭음한 뒤 구토를 하다가 가슴 통증을 호소하며 병원에 실려오는 사람의 대부분은 식도에 탈이 생긴 것이다. 드물지만 식도 출혈로 숨지는 사람도 있으므로 구토는 함부로 할 일이 아니다.

위벽은 점액(粘液) 단백질층 '뮤신'이 덮고 있으며, 이 층은 단백질 분해효소인 펩신으로부터 위벽을 보호한다. '위에 구멍났다'는 것은 사실 여기에 상처가 나 위염 또는 위궤양이 되는 것으로서 펩신이 직접 위벽을 건드리기 때문에 쓰라린 것이다.

소화물이 위를 통과하면 다음으로 작은창자(소장)가 나타나는데, 큰창자(대장)가 작은창자보다 굵지만 작은창자의 길이는 6m로 큰창자의 1.3m보다 훨씬 길고 역할도 더 많다. 손가락 열두 개 길이의 '샘창자'(십이지장과 동의어로 쓰이지만 대한해부학회에서 십이지장은 동물에서만 쓰고 사람은 샘창자로만 쓰기로 결정했다)에서 나온 쓸개즙과 이자(췌장)액이 탄수화물·단백질·지방 등을 분해하면 빈창자(공장, 空腸)에선 버무리고 돌창자(회장, 回腸)에선 양분을 빨아 당긴다. 또 하루에 9ℓ의 수분도 흡수한다.

마지막으로 대장이 기다린다. 대장에서는 하루 1ℓ의 수분을 흡수하고 굳은 찌꺼기를 대변으로 내보낸다. 음식물이 식당에서 출발, 화장실에 닿기까지는 대략 24시간이 걸린다. 배에서 나는 '꼬르륵'하는 소리는 음식 덩이가 대장에서 이동할 때 덩어리 사이의 공기가 압박받아 나는 것이고, 이 공기가 몸 밖으로 빠져나가는 것이 방귀다. 방귀를 뀔 때에는 미생물이 단백질을 분해할 때 생기는 인돌·스카톨·황화수소 등이 합쳐져 '묘한 향기'를 낸다.

소화기관은 꿈틀운동(연동운동, 蠕動運動)으로 음식물을 아래로 내려보낸다. 음식물이 역류하지 않는 것은 엄청난 수축력을 가진 조임근(괄약근, 括約筋)의 조이고 푸는 운동 덕분이다. 꿈틀운동과 역류방지운동 덕분에 사람은 물구나무를 서서도 음식물을 먹을 수 있다. 토할 때는 위·식도 조임근이 억지로 열려야 하는데, 젖먹이가 잘 토하는 것은 이 근육이 약하기 때문이다.

그런데 사람은 왜 술은 맘껏 마시면서도 물은 일정량 이상 마시지 못해 '물고문'까지 생기게 됐을까? 우선 술은 위·소장·대장 등에서 골고루 흡수되지만 물은 주로 대장에서만 흡수된다. 또 술에는 염분과 양분이 녹아 있기 때문에 술을 마시면 소화기에서 삼투압현상(농도가 낮은 쪽의 액체가 높은 쪽으로 스며들어가는 것)이 일어나 몸의 수분을 빼앗기는 과정에서 갈증이 나 물을 더 많이 마시게 된다. 그러나 물을 마실 땐 오히려 역삼투압현상이 일어나 일정량 이상을 마시지 못하는 것이다.

추미(醜美)의 가늠자, 얼굴

북방에 아름다운 사람이 있어
온 세상 둘러봐도 홀로 우뚝하네.
한 번 돌아보면 성이 기울고
두 번 돌아보면 나라가 기우네.
한 여인 탓에 성과 나라가 기우는 것을 모를까마는
아름다운 여인은 다시 얻기 어렵네.
北方有佳人
絕世而獨立
一顧傾人城
再顧傾人國
寧不知傾城與傾國

佳人難再得

(「외척전(外戚傳)」 중)

이 시에서 특히 경국(傾國)이란 말은 미인을 가리키는 말로 두고두고 쓰이고 있다.

이 시는 이연년(李延年)이라는 가수가 한(漢)의 무제(武帝)에게 바친 시다. 무제는 사마천을 궁형에 처해서 불세출의 명작 『사기(史記)』를 낳게 한 왕이다. 이연년은 그 무제에게 자신의 누이를 바치려고 이 노래를 불렀던 것이다. 이연년의 누이는 곧 무제의 마음을 사로잡는데 그녀가 바로 계부인(季夫人)이다.

그 계부인의 얼굴은 어떻게 생겼을까? 한서에는 계부인에 대한 직접적인 묘사가 없지만 당시의 미인상은 지금의 미인상과는 분명 다를 듯하다. 중국의 고서와 그림들을 보면 얼굴에 통통하게 살이 올라와 있고 눈·코·입이 아담하게 조화를 이룬 여인이 수백 년 동안 미인으로 대접받았던 것 같다. 아마

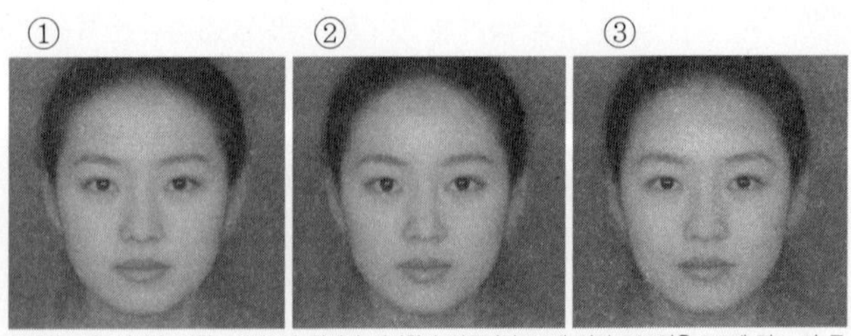

한국의 보통 여성과 미인=2002년 연세대 심리학과 연구팀이 20대 여성 500명을 DB에 담고 이 중 대표성이 있다고 평가받은 49명의 얼굴을 합성한 사진(① 참하고 따뜻하며 부드럽고 앳된 느낌이다), 아름답다고 평가받은 8명의 얼굴을 합성한 사진(② 날카롭고 섹시하며 차갑고 야무진 느낌이다), ①과 ②를 합성한 사진(③)

계부인의 얼굴도 여기에서 크게 벗어나지 않았을 듯하다.

그렇다면 우리 조상들은 어떤 얼굴을 미인으로 쳤을까? 고대소설 『옥단춘전』 『구운몽』 『윤지경전』 등에 나오는 미인은 10대 중반의 나이에 반달형으로 가늘고 검은 눈썹, 깊고 젖은 가는 눈, 붉고 작은 통통한 입술, 적당히 둥글고 볼그스레한 뺨, 희고 고른 이가 하얗고 고운 살빛과 색감(色感)으로 선명히 대비되는 얼굴을 가졌다. 콧등은 가늘면서 길고, 콧잔등은 낮았다. 쌍꺼풀이 없는 양 눈의 사이는 적당히 멀어야 했다.

반면 고대소설 『박씨전(朴氏傳)』에서 '더 이상 추할 수 없는' 박색의 얼굴로 소개된 박씨는 요즘 기준으로는 미인일 가능성이 크다. 박씨는 '높은 코에 볼록한 이마, 왕방울 같은 두 눈'의 소유자였다. 게다가 키도 '무식하게' 컸다. 이런 점들을 두고 일각에서는 박씨가 서양 여인을 모델로 삼지 않았을까 추정하기도 한다.

그런데 동서고금을 통틀어 보조개는 미인의 공통된 조건이었다. 보조개는 어원적으로 '볼(협, 頰)의 조개(패, 貝)'란 뜻으로, 볼우물이란 새뜻한 말로도 불린다. 의학적으로 보조개는 볼 가운데 입꼬리당김근육 등 근육 다발의 일부가 비정상적으로 입꼬리 이외의 다른 곳에 붙어서 이 근육이 수축할 때 생긴다. 그러나 미인의 볼웃음은 숱한 남성들을 설레게 했으며, 시와 노래의 단골 소재였다. 얼마나 소중했으면 '사랑에 빠지면 곰보도 볼우물로 보인다'는 속담이 생겼을까.

시인 김파도 발그스레한, 우물진 볼을 노래했다.

우물집 분희 내가 불러 왔다
고운 손 포도를 따네요
별빛 눈 수줍게 내리깔고
볼우물에 띠운 빨간 꽃잎…….

(「포도넝쿨 아래서」 중에서)

그런데 한국인의 미인관뿐 아니라 실제 우리의 얼굴도 급속히 변하고 있다. 한국인의 전통적 얼굴은 동글납작하고 속쌍꺼풀이 있으며 눈동자와 콧속을 보온하기에 좋게 광대뼈가 높은 편인데, 이는 우리 조상이 북쪽 추운지방에서 오랫동안 살았기 때문으로 추정된다.

그러나 요즘엔 턱이 갸름해지고 광대뼈가 작아지는 추세다. 일부 의학자들은 딱딱한 음식 대신 부드럽고 연한 음식을 먹으면서 턱과 광대뼈의 발육이 더뎌지는 것이 원인이라고 설명한다.

요즘 젊은 엄마들은 아기의 머리뼈가 굳기 전에 엎드리거나 옆으로 재워 키워 점점 머리옆이 납작하게 바뀌고 있다. 이에 반해 서양의 일부 국가에서는 중세에서 20세기 초까지 아기의 얼굴을 납작하게 만들기 위해 노력했다. 유럽의 풍속화들에서는 머리뼈가 말랑말랑한 아기를 눕혀 널빤지로 내려누르는 '희한한 모정'이 담겨있기도 하다.

얼굴이란 낱말은 조선 중기까지 '모습, 틀'을 뜻하다가 그 의미가 축소돼 점차 '안면'만 가리키게 됐다. 얼굴은 9종 15개의 뼈, 그리고 씹는 근육, 표정근육에 신경과 혈관 등으로 구성돼 있다.

얼굴 중 '눈 위의 얼굴', 즉 넓고 납작한 이마는 사람에게만 있다. 이는 인간이 다른 동물에 비해 상대적으로 큰 뇌를 갖고 있기 때문인데, 인류학자들은 빙하시대에 추위와 싸우면서 납작해졌다고 설명한다. 이마가 튀어나왔을 때보다 납작한 상태에서 머리카락에 덮여있는 것이 보온에 유리하다는 것이다.

머리 중 뇌와 머리덮개는 6세가 되면 성인의 90% 크기까지 자라지만 얼굴은 20세까지 서서히 자란다. 이 때문에 사람의 얼굴은 신생아 때에는 머리 크기의 5분의 1 정도밖에 안 되지만, 얼굴뼈가 세로로 늘어나면서 자라 어른이 되면 머리의 반 정도가 되는 것이다.

한편 볼붉힘은 사람만의 특징이다. 부끄러울 때 볼에서 시작해 목·코·귓불과 윗가슴까지 2, 3초에서 길게는 5분 정도 발개지는 홍조(紅潮)는 자율신경계 중 억제를 맡는 부교감신경이 자극받아 얼굴 혈관이 넓어져 피가 몰리기 때문에 생긴다. 또 얼굴엔 실핏줄이 집중돼 있어 빨개지는 것이 금세 드러난다.

찰스 다윈은 『인간과 동물의 감정표현』에서 한 장 전체에 걸쳐 홍조를 설명하며 "인간에게만 나타나며 선천적 장님조차도 얼굴을 붉히는데 이는 다른 사람을 의식하기 때문"이라고 설명했다.

또 정신분석학자 지그문트 프로이트는 『억제 증후 그리고 불안』에서 "홍조는 내적 무의식의 힘이 이드(Id, 쾌락원칙에 지배되는 본능적 에너지의 원천)와 초자아(Superego, 양심과 도덕에 반응하는 의식) 사이에서 갈등하는 것이 전형적으로 나타난 것"이라고 주장했다.

한편 동·서양에서 홍조는 신부의 수줍은 얼굴과 연관지어져 왔으며 처녀성을 알려주는 색채 신호로서의 역할도 해왔다. 고대 노예시장에서 첩으로 팔려나온 여자가 사갈(蛇蝎)스런 남성들의 눈앞을 지날 때 홍조를 띠면 몸값이 올라간 것도 이 때문이라고 인류학자들은 설명한다.

몸과 에로티시즘

식(食)과 사랑의 시작, 입

'키스가 끝난 뒤 어떤 여자는 얼굴을 붉히고, 어떤 여자는 소리를 지르며, 어떤 여자는 땀 흘리고, 어떤 여자는 대든다. 그러나 가장 나쁜 것은 깔깔대는 여자다.' 영국의 속담이다. 스페인에는 '턱수염이 나지 않은 앳된 남자와 키스하는 것은 소금 안 친 삶은 달걀을 먹는 맛'이라는 속담이 있다.

이처럼 수많은 사람이 키스에 대해 말해 왔고 수많은 시인이 키스에 대해 읊었다. 수많은 영화감독은 미남·미녀 배우의 명 키스신을 만들려고 골몰해왔다. 2002년 이창동 감독은 영화 「오아시스」에서 천둥벌거숭이와 뇌성마비 장애자의 키스신을 통해 수백만 명의 심금을 울리기도 했다.

인류학자들은 왜 사람만이 키스하는지에 대해 캐왔고, 과학자들은 키스의 건강학을 발하며 이 영역에 끼어들고 있다. 키스에 대해서 알려면 우선 사람의 입에 대해서 알아야 한다.

사람은 입술이 뚜렷이 뒤집혀 있는 유일한 동물이다. 사람의 입술은 주위의 살보다 매끄럽고 색깔이 짙다. 흑인들은 입술 색이 낯빛과 비슷하지만 양쪽 입아귀 사이로 뚜렷한 입술 시울이 있다. 선명한 입술은 우선 다른 사람에게 표정을 잘 전한다. 사람은 기분에 따라 입술을 감싸고 있는 입둘레근육(구륜근, 口輪筋)을 비롯해 6~8개의 근육이 움직이면서 큰 표정 변화를 연출할 수 있으며, 따라서 서양인들은 입을 '얼굴의 싸움터(Battleground of the Face)'로 부른다.

그런데 입술의 모양은 자주 지은 표정으로 굳어지는 경향이 있다. 평생 근심과 걱정으로 지낸 사람은 늙어서 함박웃음을 지을 수 없다. 젊었을 때의 미소가 조쌀한 얼굴을 보장하는 것이다. 입술은 얼굴에서 성적(性的) 변화가 가장 뚜렷이 감지되는 곳이기도 하다. 성적으로 흥분하면 입술은 더욱 붉어지고 도도록하게 솟아오른다. 그래서 영국의 동물행태학자 데스먼드 모리스는 "여성의 입술은 성적 흥분기에 자신의 몸에 있는 '또 다른 입술(陰脣)'과 비슷하게 변한다"고 했다.

심리학자들은 사람들이 키스, 흡연 등을 좋아하는 것을 젖먹이 때 어머니의 젖꼭지나 우유병 꼭지를 빨던 경험과 연관시키기도 한다. 지그문트 프로이트는 사람들이 이성의 입술을 탐하는 것을 젖먹이 때 어머니의 젖꼭지를 잘 빨지 못했기 때문이라고 설명하지만, 일부에서는 프로이트가 입천장 암 때문에 33차례나 수술받은 사실을 짚으면서 '질투감의 표현'으로 폄하하기도 한다.

입술이 여성을 상징한다면 혀는 '남성'을 상징한다. 따라서 서양에서는 입술을 살짝 벌리고 혀를 내미는 행동이 성적 암시를 나타낸다며 아주 교양 없는 행동으로 간주한다. 남녀가 키스할 때에는 교감신경이 침샘근육을 자극, 고여 있던 침을 짜내주고 부교감신경이 신경전달물질을 왕성히 활동하게 해서 침이 늘어난다.

침에는 '침먹은 지네'란 표현에서 알 수 있듯 항균물질이 들어 있으며 면역과 성장, 해독 등을 돕는 물질도 푼푼하다. 또 키스하는 동안 뇌에선 엔도르핀, 엔케팔렌 등 면역기능을 높이고 스트레스를 풀어주는 물질이 분비된다. 미국에서는 분위기 있는 키스를 즐기는 사람이 그렇지 않은 사람보다 평균 5년 정도 더 오래 산다는 연구결과도 나왔다.

입 중심에 있는 혀는 1만여 개의 돌기로 뒤덮여 있고 돌기마다 있는 1-200여 개의 맛싹(미뢰(味蕾), Taste Bud)이 '맛보는 재미'를 안겨준다. 미국 언론의 유명한 음식 칼럼니스트들은 대부분 나이가 50대 이상이지만 사실 여성은 40대, 남성은 50대가 지나면서 맛싹의 수가 줄고 미각이 떨어진다. 이에 더해 50대 이상이 되면 '제2의 미각'인 후각능력도 떨어지고 따라서 생물학적 원리로는 맛을 덜 느끼게 된다. 그러나 음식 칼

럼니스트들은 수십 년 쌓인 경륜으로 '분위기의 맛'을 훨씬 더 잘 알게 돼 찍말없는 음식 기사를 쓸 수 있는 것이다. 색맹이 있듯 미맹(味盲)도 있는데, 이것은 PTC라는 쓴맛을 내는 성분에 대해 맛을 못 느끼는 것이다.

한편 혀는 사람을 말하는 동물로 만들었다. 미국 듀크 대학의 리처드 케이 박사는 원인(猿人) 화석의 혀 밑 구조를 분석해, 오스트랄로피테쿠스가 현재 침팬지 정도로 발음한 반면 네안데르탈인은 40만 년 전 초기 인류와 비슷한 언어능력을 지녔다는 것을 밝혀냈다.

인간을 서게 만든 이음새, 엉덩이와 궁둥이

'노는 계집 절단나도 엉덩이짓은 남는다(제 버릇은 남 못준다)' '궁둥이내외(여자가 남자와 마주쳤을 때 살짝 돌아서서 피하는 것)' 등 엉덩이와 궁둥이는 묘한 성적 느낌을 주며, 이 때문에 온갖 비유에 자주 등장한다.

그런데 많은 사람이 엉덩이와 궁둥이를 같은 말로 알고 있지만 이들은 엄연히 다르다. 엉덩이는 허리의 잘록한 곳에서 허벅지까지의 옆 부분과 허리 뒤 바로 아랫부분을, 궁둥이는 주저앉을 때 바닥에 닿는 부분을 주로 가리킨다. 영어로도 엉덩이는 히프(Hip), 궁둥이는 버톡스(Buttocks)로 또렷이 구분된다. 볼기는 엉덩이와 궁둥이에 걸쳐 동그랗게 튀어나온 부분을 말한다. 따라서 궁둥짝 볼기짝이란 말은 있어도 엉덩짝이란 말은 없는 것이다.

그러나 이 두 부위는 사람을 사람답게 만드는 중요한 부위이다. 두 부위가 없었다면 인간의 직립보행은 불가능했고 따라서 손도 해방되지 못해 '도구적 인간'의 존재도 없었을 것이다.

엉덩이와 궁둥이의 지방층 깊숙히 자리잡은 골반은 몸통과 두 다리를 연결해주는 역삼각형의 뼈인데, 거짓골반(큰골반, False Pelvis)과 참골반(작은골반, True Pelvis)으로 이뤄진다. 골반 전체는 남성이 크지만 참골반은 여성이 남성보다 크다. 이 안에 생식기 전체가 들어있는데다가 임신 때 태아가 들어서기 때문이다. 골반은 척추 무게를 밑에서 받쳐주는 역할도 맡는다.

골반과 넙다리뼈를 이어주는 엉덩관절(고관절)은 노인이 되면 닳아있어서 인공관절 수술을 많이 받게 되는 부위다. 엉덩관절의 위치는 차려 자세를 취했을 때 주먹이 닿는 곳이다.

엉덩관절은 우리 몸에서 어깨관절 다음으로 운동범위가 넓다. 인간의 직립보행은 엉덩관절의 발달 때문에 가능해졌다. 중국 무술영화의 단골 주연 이소룡, 성룡, 이연걸이나 발차기의 달인으로 나온 한국인 황정리 등의 신기에 가까운 발차기도 훈련으로 엉덩관절을 발달시켰기 때문에 가능했다.

사람들은 여성의 골반이 클수록 아기를 잘 낳는다고 여겼고 어느 정도 사실이기도 하다. 또 큰 엉덩이는 매력덩어리로 여겨지기도 했다. 이 때문에 여성들은 몇백 년 동안 수난을 겪어야 했다. 유럽에서는 17세기부터 엉덩이선을 강조하기 위해

허리를 학대했다. 금속 성분의 코르셋이 유행해서, '이상적 허리'인 13인치를 향해 조르고 또 졸랐고, 여성들은 내장이 뒤틀려 신음하다가 걸핏하면 사교장에서 졸도하곤 했다. 이 풍습은 20세기 들어 점점 사라졌지만 제2차세계대전 후 '뉴룩(New Look)'의 유행으로 잠시 되살아나기도 했다.

터키의 배꼽춤, 하와이의 훌라춤 등 허벅진 엉덩이를 실룩샐룩 움직이는 춤은 대부분 여성 무용이었고, 성과 연관시켜 '감상'되기도 했다. 그런데 '로큰롤의 황제' 엘비스 플레슬리가 이 '관례'를 깼다. 그는 '엘비스 골반'이라고 불린 자신의 골반을 과격하게 흔들며 남성도 엉덩이춤을 출 수 있다는 것을 보여줬다.

한편 궁둥이에는 두툼한 지방 밑에 여러 가지 근육이 발달해 있는데, '큰볼기근'이라는 근육과 이를 에워싼 지방 때문에 다른 동물보다 유난히 불룩하다. 사람은 영장류 193종 가운데 궁둥이가 튀어나온 유일한 동물이기도 하다. 유인원의 암컷 궁둥이는 보통 때 바싹 말라 있다가 배란기에 발갛게 부풀어 오를 뿐, 사람처럼 불룩하지는 않다. 선인들은 길짐승의 궁둥이를 '방둥이'라고 불러 궁둥이와 구별했다. 사람의 궁둥이는 직립보행 때문에 발달했다는 것이 정설이다.

고대 그리스인들은 사람만이 가지고 있는 이 특징에 주목해 궁둥이를 신성하게 여겼다. 미의 여신 '아프로디테 칼리피고스(로마 신화의 비너스)'는 어원상으로 '궁둥이가 아름다운 여신'이란 뜻이다. 고대와 중세 유럽에서 악마는 사람처럼 볼

룩한 궁둥이가 없는 대신 그 자리에 얼굴이 박혀있다고 여겨졌다. '내 궁둥이에 입이나 맞춰라(Kiss My Ass)'라는 영어 욕설은 여기에서 유래한 말이다.

한편 이들은 악마가 왔을 때 궁둥이를 보이면 악마가 수치스러워 물러난다고 여겼다. 종교개혁을 이끈 마틴 루터(1483~1546)도 악몽에 시달릴 때 이 방어법을 썼다. 당시 독일인들이 천둥이 치거나 폭풍우가 올 때 창이나 문 밖으로 궁둥이를 내놓고 악마를 쫓으려 했다는 기록도 있다. 많은 인류학자들은 '♡'도 심장이나 가슴이 아니라 궁둥이를 본떴다고 설명한다.

그런데 서양인들은 몸매가 예쁜 여성을 '복숭아(Peach)'라고 부른다. 궁둥짝이 복숭아같이 생겼다는 뜻에서 온 말이다.

의사들은 척추가 곧으면 엉덩이와 궁둥이의 위치도 바르며, 따라서 바른 자세를 유지하고 무릎이 벌어지지 않도록 똑바로 걷는 습관을 들이면 '예쁜 복숭아'를 만들 수 있다고 설명한다. 계단 오르기도 예쁜 복숭아를 만드는데 도움이 되며 중고교 때 '궁둥이가 처지도록' 앉아서 공부해서 몸매가 망가진 경우, 하이힐을 신으면 걸음걸이가 바뀌어져 궁둥이가 올라간다.

알몸으로 걷게 해보면 운동화를 신었을 때보다 하이힐을 신었을 때 궁둥이가 훨씬 출렁거린다. 그러나 하이힐을 너무 오래 신으면 발, 뇌, 척추 등에 무리가 생길 수 있으므로 외출 때에는 하이힐, 실내에선 실내화를 신도록 한다.

신비 가득한 '생명의 뿌리', 남성의 성기

불법무기 소지죄(不法武器 所持罪)?

문명사회에서 남성은 늘 성기를 숨겨야 했다. 공개적으로 성기를 내보이는 것은 일종의 범죄행위였다. 아프리카 수단의 누바족은 성기를 드러내고 다닐 수 있지만 성기가 못생긴 남성은 가리개를 걸쳐야만 한다.

『털없는 원숭이』의 저자 데스먼드 모리스는 "인류는 곧추서서 걸으면서 짝에게 수시로 성기의 신호를 내보일 수밖에 없었다"며 이 때문에 가리개를 걸치게 됐다고 설명한다.

그런데 남성 성기의 구조와 기능에 대해서 가르쳐 주는 사람이 드물다. 여학생들은 중·고교 때 여성의 생식기에 대해서 비교적 상세히 배우지만 남성 성기에 대해서는 학교 교육에서도 별 관심이 없다.

여하튼 성균관대학교 삼성서울병원 비뇨기과 이성원 교수는 음경을 '성교 때 정액을 질 내에 주입하는 주사기'로 표현한다. 사람 성기의 길이는 발기 때 평균 12.7㎝다. 고릴라 3.2㎝, 오랑우탄 3.8㎝, 침팬지 7.6㎝보다 훨씬 크고 동물 중 키를 대비해봐도 가장 크다. 흑인·백인·황인종의 순으로 크며 한국인은 발기했을 때 11-12㎝ 정도이다. 키가 작은 종족으로 유명한 피그미족의 성기는 발기했을 때가 아니라 평소에 10㎝ 이상이어서 덩치와 성기 크기는 비례하지 않음을 보여 준다.

인류학자들은 남성의 성기는 여성에게 매력적으로 보이기

위해 커졌다고 설명해왔지만 최근 페미니스트들은 "여성은 음경보다 남성의 목소리·다리·어깨 등에 더 흥분한다"며 반박한다. 미국의 여성주간지 「비바」는 한때 남성의 누드사진을 실었으나 독자조사결과 여성은 거의 반응이 없고 오히려 남성이 많이 보는 것으로 드러나자 게재를 중단했다.

한편 『정자전쟁』의 저자 로빈 베이커는 "초기인류의 '암컷'은 성기 안에 여러 수컷의 정자를 지녔기 때문에 어떤 정자들은 수정되는 것을 포기하고 다른 수컷의 정자를 공격하는 역할을 맡았다"면서 "이런 환경에서는 음경이 길어야 자궁 입구 가까이에서 일어난 '수정싸움'에서 이기기 쉬웠다"고 주장한다.

음경 아래에 있는 고환의 그리스어 어원은 '남성의 증거'라는 뜻이다. 고환은 정자와 남성호르몬 테스토스테론을 만들며, 고환을 없애면 여성적으로 변한다.

기독교 교회에선 1878년까지 남성 가수를 거세해 소프라노음을 내도록 만들었다. 이를 '카스트라토'라고 불렀는데, 카스트라토는 교황이 될 수 없었으므로 새 교황은 특수의자에 앉아 자신의 고환을 추기경들에게 보여줘야만 했다. 추기경들은 라틴어로 "성하(聖下)께선 고환이 있으며 훌륭하게 달려 있습니다"라고 소리 맞춰 외쳤다.

고환이 없어도 성생활은 가능하다. 발기는 고환과 관계없이 일어나기 때문이다. 즉 시각·청각·촉각의 자극에 따라 '제1성기'인 뇌가 흥분하면 발기한다. 따라서 환관도 남성호르몬이 완전히 없어서 성욕이 나지 않는 경우면 몰라도, 이 외에는 성생활이 가능했다.

고환의 무게는 평균 42.5g이다. 고릴라 것보다는 약간 무겁지만 침팬지의 것에는 반에도 못 미친다. 영국의 인류학자들은 영장류 33종의 고환 무게를 분석한 결과 빈번하게 교미할수록 더 무겁다는 것을 알아냈다.

고환은 원래 뱃속에 있다가 출생 2개월을 앞두고 샅굴(서혜관, 鼠蹊管)을 타고 음낭으로 내려온다. 이동에 탈이 생기면 음낭이 빈 '잠복고환(정류고환이라고도 한다)'이 되고 한 쪽만 내려오면 '짝불알'이 된다. 정류고환은 신생아의 3%, 한돌 아기의 1%가 해당한다. 아이들은 생후 1년 반 이후에는 자신이 수술을 받는다는 데에 엄청나게 부담을 갖기 때문에 생후 6개월~1년 반까지 수술받는 것이 좋다. 그리고 2세가 되면 고환 조직이 변하며 아무리 늦어도 이때까지는 수술해야 한다.

고환은 두 '알'이 비대칭이다. 즉 사람의 85%에게서 왼쪽이 더 늘어져 있는데, 이는 충돌 때 충격을 피하기 위해서다. 과학자들은 고환이 '위험하게' 밖으로 노출된 것은 정자를 차게 보관하기 위해서라고 결론지었다. 음낭에는 달림줄이 있어 찬물에 담그면 줄어들고 따뜻한 물로 목욕하면 늘어난다. 또 열을 빨리 발산하기 위해서 주름이 나있다. 일종의 라디에이터라고나 할까. 고환은 도망치거나 싸움하거나 간음할 때 몸에 착 달라붙을 정도로 줄어드는데 이는 일종의 '자기보호 메커니즘'이라고 할 수 있다.

생명의 신비 잉태하는, 여성 생식기

"생지위성(生之謂性, 생물적 본능이 곧 사람의 본성이다)."

『맹자』, 「고자」 편에 나오는 말이다. 생식기가 불완전한 '고자(鼓子)'가 아닌, 전국시대의 사상가 고자(告子)가 말했고 맹자도 원칙적으로 수긍했다. 그런데 맹자는 사람에겐 짐승과 아주 작은 차이(기희, 幾希)가 있어 사람을 사람답게 만든다고 말했다.

성(性)이 본성이 아니라 섹스(Sex)를 뜻할 때에도 이치는 비슷하다. 사람의 성행위는 동물과 큰 틀에서 봤을 때에는 비슷하지만, 발정기가 아닌 때에도 연인과 언제든지 '사랑'할 수 있다는 점에서 다른 동물과 구별된다.

일부 인류학자는 이에 대해 "진화론적으로 자녀 사랑과 관계있다"고 설명한다. 즉 자식을 오래 임신하고 기르기 위해 수컷의 보호가 필요해졌고 수컷과 가까워지려다 보니 자주 성교하게 됐다는 것이다. 여성이 성교통(性交痛) 때문에 성교를 피하는 것을 막으려고 여성에게 성적 쾌감이 생겼다는 가설도 있다.

진화의학자들은 여성의 생식기 안에서 일어나는 독특한 면역반응을 통해, 다른 동물과 인간의 기희를 설명한다. 이들에 따르면 태아의 뇌는 다른 동물보다 월등히 커서 필요한 혈액도 월등히 많다. 태아는 태반을 고도로 발달시켜 모체의 영양분과 산소를 게걸스럽게 섭취하는데, 만약 다른 동물이었다면 모체의 면역계가 격렬히 저항 또는 공격했을 것이다. 그런데도 모체는 그렇게 하기보다는 태아를 포용하는 경향이 있다.

진화의학자들은 "임신부가 임신 전에 남편과 성관계를 자주 하면, 면역계가 남편의 정액과 정자에서 나오는 유전자를 '우리 편'으로 알게 된다"면서 "이런 이유로 유전자의 절반이 남성에게서 유래한 태아를 공격하지 않게 된다"고 설명한다. 이에 반해 여성이 이 남자 저 남자를 상대한 탓에 여성의 면역계가 받아들여야 할 정액이나 정자의 유전자를 파악하지 못하면 임신 때 태아를 공격할 가능성이 크다는 것이다. 그래서 매춘부들이 불임이나 유산 가능성이 높다는 주장도 있다.

여하튼 이 오묘한 반응이 일어나는 여성의 생식기는 구조적으로 남성 생식기보다 진화했다. 한 가지 예를 든다면 남성은 생식기에서 정액과 소변을 한 길로 내 보내지만 여성은 소변은 요도, 생리혈은 질을 통해 내보낸다.

여성은 외음부의 공알(클리토리스)과 질 입구 윗쪽인 'G점'에 성감대가 몰려있다. 즉, 질 입구에서 3분의 1 지점에 신경이 집중돼 있는데 '남성'의 길이가 여성 성감의 증대와는 별 관계가 없는 것은 이 때문이다. 그러나 성감대는 G점에 몰려 있지만 사실 여성은 생식기 전체, 나아가서는 온몸에 성감대가 있다고 봐야 한다. 여성은 마음과 분위기에 따라 만족을 느끼는 강도가 다르며 이 때문에 성의학자들은 "남성은 성기로, 여성은 뇌로 성행위를 한다"고까지 말한다.

그러나 남성 위주의 사회는 여성의 성적 쾌락을 인정하지 않아 왔다. 대표적인 예가 할례이다. 지금도 아프리카·중동·동남아 등에 사는 7,000여 만 명의 소녀는 여성 생식기의 공알 부위를 자르는 악습을 따르고 있다. 이 악습은 생식기를 파괴해서 성적 불만족을 일으킨다.

종합병원 응급실에는 신혼부부가 성교 중 떨어지지 못하고 119구급차로 실려오는 일이 적지 않다. 의학적으로는 바기니스무스(Vaginismus)라고 하는 현상의 하나인데, 가장 황망한 것은 이처럼 '여성'이 갑자기 경련을 일으키며 수축해 '남성'을 꽉 무는 것이다.

바기니스무스 중에 이런 경우는 드물고 '문'이 열리지 않아 성행위가 아예 안 되거나 성행위 장애를 겪는 것이 대부분이다. 바기니스무스는 여성 성기능 장애의 8-20%를 차지할 만큼 흔하다. 어릴적 충격 등 심리적 원인이 주요인이며 보통은 마음을 안정시키면 경련이 풀리지만 심하면 근육을 이완시키는 운동요법, 약물 주사요법 등의 치료를 받아야 한다. 아주 심한 경우 질 입구를 확대하는 수술을 받기도 한다.

관능미와 역동성의 상징, 다리

문어의 다리가 여덟 개라는 것은 맞는 말일까? 엄밀히 말하면 틀리다. 개수는 맞지만 다리가 아니라 발이니까. 문어와 낙지는 발, 오징어는 다리가 맞다.

국어학자들은 "고대 삼국시대에 이들 낱말은 서로 구별하지 않고 썼는데 우연히 어떤 것은 발, 어떤 것은 다리로 부르다가 관용적으로 한 가지를 주로 쓰게 됐다"고 설명한다. 어원적으로 발은 동사 '밟다', 다리는 '달리다', 가랑이는 '걷다'와 연관된 말이다. 따라서 문어와 낙지의 '발'은 착 달라붙는 느낌, 오징어의 '다리'는 움직이는 느낌을 전한다. 문어는 자신도 문어발이 맛있다는 것을 아는지, 허기지면 제 발을 씹어 먹는다.

여기에서 따와 주식 시장에서 기업이 실제로는 수익이 없는데도 가공(架空)의 배당가능 이익에 따라 주주에게 미리 배당하는 것을 '문어발 배당'이라고 한다.

그런데 사람의 다리는 어원적으로는 네 개다. 뭍에 사는 척추동물을 묶어 영어로 '테트라포드(Tetrapod, 네 다리 짐승이라는 뜻)'로 표현하는데 여기엔 다리 두 개가 팔이 돼버린 인간과 날개가 돼버린 새도 포함된다. 뱀도 여기에 속한다. 최근 고고학자들은 1억 년 전 화석을 연구해 뱀도 옛날에는 다리가 있었다고 결론내렸다. 그러나 뱀의 다리는 네 개가 아니고 세 개였다는 것이 정설이다.

사람의 다리는 앞에서 봤을 때 샅고랑(Groin)을 경계로 배와 붙어있고, 뒤는 볼기고랑(Gluteal Furrow)을 경계로 볼기와 붙어있다. 다리 중 무릎 위 부분인 넙다리는 몸에서 가장 긴 뼈인 넙다리뼈를 중심으로 세 개의 근육뭉치와 인대·혈관·신경 등으로 이뤄져 있다. 종아리는 정강뼈와 종아리뼈를 중심으로 근육 등이 주위에 있는 형태다.

무릎의 뒷부분을 가리키는 오금은 '오금이 저리다(힘이 빠지다)' '오금을 박다(큰소리치던 사람이 말과 다른 언행을 할 때 큰 소리로 논박하다)' 등의 관용구에 많이 쓰인다.

그런데 사람들은 성기로부터 양 다리가 갈라지는데다 성적으로 성숙할 때 다리가 가장 잘 자라 다리를 성적 이미지와 연관시켜 왔다. 18세기까지 동·서양의 사람들은 여성이 발목을 보이는 것도 정숙하지 않게 여겼으며, 심지어 서양인들은 공연장에 있는 피아노 다리도 음심(淫心)을 유발할 수 있다며 주름장식이 달린 '바지'를 입혀 놓고서야 직성이 풀렸다. 이를 깬 사람 중 하나가 프랑스의 디자이너 가브리엘 샤넬이었다. 그는 1920년대 치마 길이를 종아리까지 올려 보수적 남성들의 거센 비난과 싸웠다.

한편 바지는 여성의 다리 선을 드러낸다는 이유로 입지 못하다가 제1차세계대전 때 남성들이 전쟁터에 나가자 노동에 나서야 했던 여성들이 작업복으로 입으면서 널리 퍼졌다. 이 때의 작업복이 바로 일본을 거쳐 국내에 들어와 한때 '억척 아줌마들'의 상징으로 인식됐던 '몸뻬'라는 옷이다.

몸뻬는 다리 선을 그대로 드러내지는 못하지만, 요즘은 미니스커트와 신 바지 등의 유행으로 각선미가 중시되고 있다. 물론 다리 중에는 곧은 다리가 예쁘다. 젖먹이의 다리가 안쪽으로 휘어있다고 고민하는 산모도 있는데 아기는 생후 1년까지는 안쪽으로 휘어 있다가 조금씩 펴지니까 걱정할 필요는 없다. 다리를 펴준다고 무리하게 다리를 당기면 엉덩이관절이 빠져나갈 우려가 있다. 아기에게 비타민 D를 비롯한 영양분이 부족하거나 너무 일찍 걸음마를 배우면 아기의 다리가 휠 수 있으며 보행기도 다리 건강에는 좋지 않다. 업어 키우는 것과 다리가 휘는 것은 전혀 관계가 없다. 요즘엔 허벅지와 종아리에 살이 거의 없고 'I'자형인 '새다리'가 인기지만 다리뼈가 가늘고 길면 몸의 부하를 지탱하기 어려워 늙어서 관절염, 뼈엉성증(골다공증) 등으로 고생할 확률이 높다.

예술과 문화에 녹아있는 몸

태초(胎初)의 감각기관, 귀

"내 귓속엔 무슨 불이 있을까?"

셰익스피어의 작품 『사랑의 헛소동』에서 여주인공 베아트리체가 남들이 자신을 화제로 삼자 내뱉은 말이다. 2,000여 년 전 그리스 희곡에도 남들이 입방아를 찧으면 귀가 뜨거워진다는 대사가 있다. 우리 나라에선 남들이 수근덕거리면 귀가 간지러워진다고 하지만 서양에선 뜨거워진다고 하는 모양이다.

귀는 평소 몸에서 가장 차가운 기관이다. 사실은 남들이 수근덕댈 때가 아니라 성적으로 흥분될 때 주로 달아오른다. 『킨제이 보고서』에 따르면 어떤 이들은 귀만 자극해도 오르가즘에 이를 수 있다고 한다. 귀는 그만큼 민감한 기관이다.

또 귀는 자궁 속의 태아에게서 맨 처음 발달하는 감각기관이기도 하다. 태아는 귀가 완성되지 않은 상태에서 임신 6주경이면 벌써 듣기 시작한다. 신생아는 산모의 몸에서 머리를 막 내밀 때 주위에서 소리가 나면 그쪽으로 고개를 돌린다. 따라서 태교의 으뜸은 좋은 소리를 듣는 것이며 신생아 때에도 좋은 음악을 들려주면 아기의 뇌 발달에 큰 도움이 된다.

갓난아기는 잠잘 때에도 깨어있을 때처럼 주위 소리를 듣기 때문에 이때에도 말을 조심해야 한다. 프로이트 학파의 심리학자들은 잠든 신생아 옆에서 부모가 성관계를 가지며 내는 소리가 신생아의 무의식에 악영향을 미칠 수 있다고까지 주장한다.

그러나 청각은 아기가 성장하면서 퇴화한다. 갓난아기는 3만Hz의 소리를 듣지만 사춘기엔 2만Hz, 60대엔 1만 2,000Hz 이하만 들을 수 있다. 노인난청이 생기면 5,000Hz 이상은 듣지 못한다.

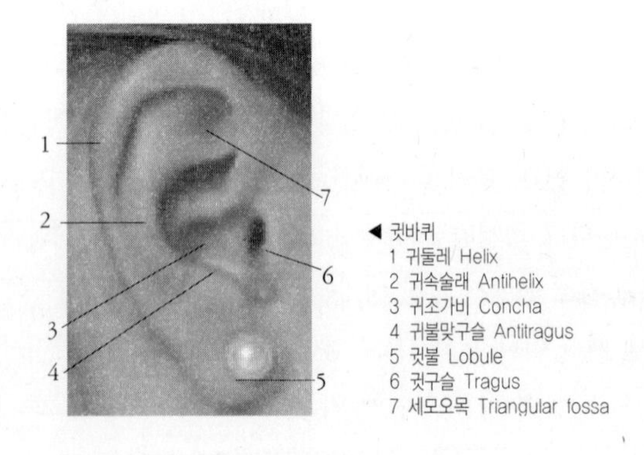

◀ 귓바퀴
1 귀둘레 Helix
2 귀속술래 Antihelix
3 귀조가비 Concha
4 귀불맞구슬 Antitragus
5 귓불 Lobule
6 귓구슬 Tragus
7 세모오목 Triangular fossa

귀는 겉으로 튀어나온 귓바퀴와 바깥귀길로 이뤄진 '바깥귀(외이, 外耳)', 고막 안쪽의 공간인 '중간귀(중이, 中耳)', 달팽이관과 세반고리관 등으로 이뤄진 '속귀(내이, 內耳)'의 세 부분으로 나뉜다. 소리는 바깥귀의 귓바퀴에서 모여 바깥귀길을 거쳐 처녀막과 비슷한 막이 세 개 겹친 고막에 전달된다. 고막에서는 신호를 망치뼈·모루뼈·등자뼈의 세 뼈로 구성된 이소골에 전달하고, 이곳에서 압력을 22배 증폭한다. 다시 신호는 속귀로 전달되고, 달팽이관에 가득 찬 액체가 진동하며 관 속에 있는 털 모양의 신경세포가 자극받는다. 이 신호가 신경로를 따라 뇌에 전달되는 것이다.

귀는 몸의 평행을 유지하는 역할도 한다. 속귀에 있는 납작한 세 개의 고리 모양의 세반고리관이 이 역할을 맡는다. 인류학자들은 "인류가 직립보행을 하면서 이 기관이 발달했다"고 설명한다. 귓구멍이 'S'자 모양으로 약간 휜 것은 공기를 적당히 덥혀 고막이 제 기능을 하도록 돕기 위해서다.

한편 우리 나라 사람들이 시도 때도 없이 후벼 파내는 귀지의 본딧말은 귀에지로 영어로는 'Ear Wax'라고 하며 의학적 명칭은 시루먼(Cerumen)이다. 고대 인도에서는 귀지를 귓속에 살고 있는 환상의 동물 '콘레이'의 배설물로 여겼다. 귀지는 귓구멍 안 4,000여 개의 귀지샘에서 만들어진다. 귀지의 역할은 외부에서 들어온 박테리아의 세포벽을 분해해 귀를 보호하는 것이다. 따라서 귀지를 억지로 파내면 좋지 않다. 이비인후과 의사들은 "귀에는 전봇대보다 작은 것은 넣지 않는 것이 좋다"고 말한다.

그런데 귀지도 인종별로 색깔과 점도가 다르다. 백인과 흑인의 귀지는 오렌지색에 가깝고 끈끈하며 동양인은 좀더 회색에 가깝고 푸석푸석하다.

천재들이 탄복한 도구, 손

"하나의 도구로서 모든 완벽함의 극치를 이룬 것"(영국의 찰스 벨 경)

"눈에 보이는 뇌의 일부"(독일 철학자 임마누엘 칸트)

"정신의 칼날"(옛 소련 출신의 미국 시인 조지프 브로드스키)

이 모두는 14개의 손가락뼈, 5개의 손바닥뼈, 8개의 손목뼈와 수많은 관절 근육 인대 등으로 이뤄진 손에 대해 경탄한 말이다.

사실 손처럼 오묘하면서도 별 관심을 받지 못해온 신체 부위도 드물다. 손가락은 평생 2,500만 번 정도 굽혔다 펴기를 되풀이하지만 그럼에도 둔감해지지 않는다. 손가락의 안쪽과 손바닥에는 촉각을 느끼는 '촉각소체'가 풍부하기 때문에 손은 신체 어느 부위보다도 민감한 곳 중 하나이다. 어릴 적 질병으로 한평생 볼 수도, 들을 수도, 말할 수도 없었던 헬렌 켈러의 손은 극도로 민감해서 라디오 스피커에 손가락을 대면 코넷과 북이 울리는 차이, 첼로의 깊은 소리와 바이올린의 높은 음을 가려낼 수 있었다고 한다.

『손의 신비』의 저자인 미국의 존 네이피어 박사는 "사람의 손이 없었다면 도구적 인간(Homo Habilis)도 없었을 것"이라고 단언했다. 이 중 진화에 가장 큰 역할을 한 것이 엄지와 집게손가락의 갈라진 사이인 범아귀에서 나오는 아귀힘이었다. 아이작 뉴턴은 아귀힘의 주요함을 가리켜 "다른 증거가 없어도 엄지 하나만으로도 신의 존재를 믿을 수 있다"고 말했다.

손가락은 욕을 할 때 자주 쓰이는데 우리 나라에선 엄지를 같은 쪽 손의 검지와 중지 사이에 끼워 넣는 것이 욕이다. 그러나 브라질에선 이 손짓이 행운을 기원하는 표시라고 한다.

손가락을 이용해 성교 흉내를 내는 것을 피스톨라(Pistola)라고 부른다. 중국에선 중지를 세우고 다른 쪽 손의 엄지와 집게손가락으로 동그라미를 만든 다음 끼워 넣는 것이 피스톨라다.

제2차세계대전 직전 일본이 중국을 침범했을 때 일본은 괴뢰은행을 세우고 지폐를 만들면서 중국인 조각사에게 활판을 맡겼다. 이때 한 조각사가 지폐에 새겨진 인물의 손을 피스톨라로 조각해 '저항'했다. 그러나 색출돼 결국 참수당한다. 서양에서는 중지를 음탕한 손으로 여겼다. 유럽이나 미국에서 중지를 치켜 올리는 것이 욕이란 것은 우리 나라에도 어느 정도 알려져 있다. 그런데 영국에서는 손바닥을 몸쪽으로 향하게 하고 행운의 'V'자를 만드는 것도 이와 똑같은 뜻이므로 영국을 여행할 땐 조심해야 할 듯하다.

한편 인류는 왼손잡이를 배척해 왔다. 1980년 세계 40억 인구 중 2억 명만이 왼손잡이라는 연구결과도 있다. 그러나 미국 미네소타대의 브링 브링글슨 박사는 "부모나 교사가 간섭하지 않으면 100명 중 34명이 왼손잡이가 된다"고 주장했다. 영어 단어에서도 왼손은 천대받았다. 영어의 왼쪽(left)은 '버려졌다'는 뜻이며 '요령 없는(gauche)' '불길한(sinister)' 등의 어원도 왼쪽과 관련 있다.

반면 오른쪽(right)은 '옳다'는 뜻으로 '정당한(righteous)' '빈틈없는(dexterous)'과 어원이 같다.

인체의 기둥과 서까래, 뼈

서양인들은 한국인처럼 눈물을 주르르 흘리면서 잘 울지 않지만, 한번 울기 시작하면 코를 '팽 팽' 풀면서 '세게' 운다. 서양인들은 눈구멍 안쪽에 '눈물뼈'가 발달해있고, 눈에서 코로 눈물이 지나는 길인 넓은 눈물관이 있어 눈물이 코로 많이 들어가기 때문이다. 서양인이 남들 앞에서 코푸는 것을 부끄럽게 여기지 않는 것도 이와 연관된다.

얼굴에는 눈물뼈를 비롯, 28개의 뼈가 톱니 모양으로 맞물려 있으며 한쪽 귓속에만 3개의 뼈가 있다. 이들 뼈는 얼굴의 각 기관을 보호하고 눈·코·귀 등의 기능을 도우며 절묘하게 어울려 미인을 만들기도 한다.

얼굴뼈를 포함한 사람의 온몸 뼈는 신생아 때에는 300개를 훨씬 넘지만 성장 과정에서 합쳐져 어른이 되면 수가 200여 개로 줄어든다. 형태에 따라 팔다리를 이루는 '긴뼈(대롱뼈)',

손목뼈나 발목뼈 같은 '짧은뼈(모난뼈)', 머리덮개뼈나 엉덩뼈 같은 '납작뼈' 그리고 불규칙뼈로 나뉜다.

이들 뼈가 얼개가 돼 사람 몸이 이뤄지는 것에 대해 미국 미시간의대 랜돌프 네스 교수는 절묘함 그 자체라고 감탄하며, 『인간은 왜 병에 걸리는가』라는 책에서 다음과 같이 묘사하고 있다. "사람의 뼈는 같은 무게의 철근 기둥보다 더 단단하고, 강도가 요구되는 곳의 뼈는 굵으며 구부러져야 하는 곳의 뼈는 수가 많다. 손상되기 쉬운 뼈의 끝 부위는 상대적으로 굵고, 근육의 지레 작용이 증가하는 부위는 볼록 튀어 나와 있다. 또 정교한 신경과 혈관이 지나가는 경로엔 안전통행을 보장하기 위해 홈이 파여 있다."

뼈는 유기물(섬유결합 단백질인 아교질) 35%, 무기물(칼슘, 인산, 탄산염무기질) 45%, 물 20%로 구성되어 있으며, 인체 내 칼슘의 99%, 인의 90%가 뼛속에 있다. 칼슘과 인의 비율은 1 : 2 정도가 이상적이다. 몸속에 인이 너무 많으면 칼슘의 흡수를 방해하여 뼈가 약해진다. 특히 패스트푸드에는 인이 많아 많이 먹으면 뼈엉성증(골다공증)에 걸리기 십상이다.

뼈밀도(골밀도)는 뼈의 성긴 정도를 나이별 평균치에 비교한 것인데, 이것이 낮아 뼈가 부러질 위험이 큰 것이 뼈엉성증이다. 이를 예방하려면 생선, 우유, 미역, 김, 두부 등 칼슘이 풍부한 음식을 듬뿍 먹고, 햇볕을 자주 쬐어 비타민 D를 보충하며, 소금을 적게 섭취해 배뇨를 통해 칼슘이 빠져나가는 것을 방지해야 한다. 이때 소금에는 죽염이나 볶은 소금도 포함된다.

뼈는 몸의 하중을 지탱하는 제 역할에 충실할 때 단단해진다. 따라서 1주 최소 3일, 한 번에 20~30분씩 걷는 것이 좋다. 우주선 승무원들은 무중력상태에서도 일부러 운동을 한다. 그렇지 않으면 뼈에서 칼슘이 녹아 소변으로 배출돼 뼈가 약해지기 때문이다. 한편 다이어트 등으로 몸무게가 너무 줄어들었을 경우에도 뼈엉성증에 걸리기 쉽다.

얼굴 모양을 닮은 소화기, 치아

영화 「친구」에서 친구 사이로 나오는 유오성과 장동건의 치아를 꼼꼼히 살펴보면 유오성의 치아가 장동건의 치아보다 더 길쭉한 것을 알 수 있다. 또 가수 이문세의 이가 개그맨 이홍렬의 이보다 훨씬 더 길다.

과학자들은 정확한 이유는 모르지만 치아의 모양이 그 사람의 얼굴형과 대체로 비슷하다는 사실을 밝혀냈다. 얼굴이 동그란 사람은 치아도 둥그렇고 얼굴이 길쭉한 사람은 치아도 직사각형으로 길다. 우리 나라 사람의 치아는 서양인 치아보다 짧고 둥글다.

치아가 죽 늘어선 '치열'은 사람의 얼굴꼴과 더욱 밀접하다. 잇몸 안에 박혀있는 치아들의 앞을 가상의 선으로 연결하면 활 모양이어서 '이틀활(치열궁)'이라고 하는데, 법의학자들은 화재사고로 사람의 얼굴을 알아볼 수 없을 때 '이틀활'을 보고 얼굴 형태를 알아내고 누구인지를 추정한다. 사람의 치아와 치열은 '또 하나의 신분증'인 셈이다.

치아는 아기 때 젖니 20개부터 생긴다. 만 6세 무렵 젖니 치열의 맨 끝에 첫 번째 간니(영구치, 永久齒)인 어금니가 나오고 6~12세 때 젖니와 간니가 하나씩 '배턴 체인지'를 한다.

치과계에서는 첫 어금니를 '6세 구치(臼齒, 어금니)'라고 부르며 6과 9를 따서 6월 9일을 '구강보건의 날'로 정했다. 이 치아는 간니 중 가장 많이 상하기 때문에 치과 의사들에게 돈을 잘 벌어주는 '효자 치아'이기도 하다.

간니는 28-32개인데, 사람마다 수가 다른 것은 사랑니 때문이다. 사랑니는 질긴 음식을 씹어 먹어야 하기에 턱뼈가 강했던 옛날엔 곧바로 나왔지만 요리의 발달로 턱뼈가 약해진 오늘날은 삐뚤게 나오거나 잇몸 속에 숨게 됐다. 이 때문에 사랑니가 없으면 '진화한 인간'으로 불리기도 한다. 2002년 9월 경기 파주시의 파평 윤씨 문중 묘지에서는 400여 년 전 출산 중 숨졌다가 태아와 함께 반(半) 미라 상태로 보존된 부인의 시신이 발견됐는데 그 부인에게는 사랑니가 없었다.

간니의 가장 바깥 부분인 사기질(법랑질)은 사람의 몸 중 가장 단단한 부분으로 수정(水晶)과 경도가 비슷하다. 이처럼 강력한 사기질도 산(酸)에는 유난히 약하다. 콜라·사이다 등 탄산음료를 마시면 이 사기질이 삭기 때문에 특히 어릴 적에는 탄산음료를 멀리 해야 한다.

아이들은 사고로 이가 부러지는 경우도 많은데, 1~2시간 내에 병원으로 가지고 가면 다시 붙일 수 있다. 이때 부러진 치아를 생리식염수나 우유에 담아가거나 입안에 물고 병원으로 가야 한다. 치아는 소화기관의 첫 부분이다. 때때로 실을 끊는데 쓰기도 하고 일부 남자들이 소주병을 따는데도 이용하지만, 보통사람은 다른 동물과 달리 음식물을 씹는 것 외에는 거의 쓰지 않는다. 음식이 입안에 들어오면, 위·아래 각 여덟 개의 앞니가 듬성듬성 끊고 송곳니가 찢는다. 작은 어금니는 이를 잘게 부수고 큰 어금니는 갈아서 씹은 다음 목구멍 쪽으로 보낸다.

치아는 발음과도 관련이 있다. 이를 뽑거나 틀니를 한 경우 잇소리(치음(齒音), ㅅ ㅈ ㅊ ㅉ ㅆ)뿐 아니라 다른 발음도 어색해진다.

치아는 또 아름다운 표정을 만들어준다. 미학적으로 표정이 아름다우려면 웃을 때 위 치아의 아랫선과 아랫입술이 평행이 되는 것이 기본이다. 또 미소를 지을 때 윗입술 아래로 앞 치아 몇 개가 1~2㎜ 정도 보이고, 크게 웃을 때 윗송곳니 두 개의 안쪽으로 치아 1, 2개씩이 더 보이며 아랫입술의 윗선과 위 치열의 아랫선이 일치한다면 그야말로 '만점 표정'이다.

그런데 인류에게 가장 흔한 질병은 충치이다. 브리태니커 백과사전에 따르면 구석기시대에는 충치가 없었지만 신석기 시대부터 생기기 시작해 점점 늘어났다. 이는 음식문화의 변화에 따른 것이다.

인류는 충치를 막기 위해 안간힘을 써왔고 양치질의 역사는 최소 3,500년 전까지 거슬러 올라간다. 기원전 1500년 고대 이집트에서는 열매가루와 돌가루 등을 꿀에 섞어서 치아에 발랐고 300년 뒤 메소포타미아에서는 백반과 박하를 손가락에 발라 이를 닦았다는 기록이 전해진다.

'양치질 이론'도 시대에 따라 조금씩 바뀐다. 10여 년 전까지는 위아래로 닦는 것이 올바르다고 여겼지만 현재는 칫솔의 옆면을 45도로 기울여 자그마한 원을 그리며 한 치아에 20번 정도 떠는 듯한 동작으로 칫솔질하는 것을 권장하고 있다.

그러나 일반인은 자신이 양치질을 제대로 하는지 잘 알 수 없기 때문에 치과에서 치아에 골고루 색소를 입힌 다음 양치질을 하고 안 닦인 부분을 확인하면서 양치질을 교정하는 것이 가장 좋다.

한편 임신중 염증이 생겼을 경우에는 치과치료를 피하는 경향이 있는데 치과에서 쓰는 국소마취제는 태아에게 거의 해가 없으므로 치과 의사와 상의해서 필요하다면 치료받는 것이 좋다.

푸대접 받는 인체의 주춧돌, 발

명화 「모나리자」 「최후의 만찬」을 그린 15세기 르네상스 시대의 화가 레오나르도 다빈치는 조각가·건축가·발명가로도 유명하다. 사실 그는 인문과 과학을 아우르는 대학자라고 평가받을 만한 인류 최고의 천재다. 다빈치는 평소 사람의 발에 대해 '공학의 걸작이요, 예술작품'으로 격찬했다.

발은 뼈 26개, 관절 33개, 근육 20개와 인대 100여 개로 이뤄져 있으며, 7,200여 개의 신경이 뼈와 인대, 근육을 거미줄처럼 둘러싸고 있다. 이러한 복잡한 장치가 균형을 이뤄 사람의 직립보행을 가능케 했고, 걸을 때 무릎과 허리, 뇌에 전달되는 충격을 최소화했다.

그러나 이처럼 중요하게 대접받아야 함에도 보통 사람에게 발은 신발과 양말 속에서 푸대접받는 기관일 뿐이다.

한자에서 발을 가리키는 '족(足)'은 어원상 무릎을 본뜬 '口(구)'와 정강이부터 발목까지를 본뜬 '止(지)'를 합친 부위를 가리키지만, 의학적으로는 발목 아래 부위만 발에 해당된다.

발은 평생 1,000만 번 이상 땅에 부딪친다. 발은 60세까지 지구 세 바퀴 반 거리인 16만㎞를 여행하며 1㎞ 걸을 때마다 16t의 무게가 실린다.

발바닥에는 인체에서 손바닥 다음으로 땀샘이 많아 양말의 화학성분과 합해져 독특한 냄새를 풍긴다. 발냄새가 심한 것도 엄연한 질환이며 대부분은 고칠 수 있다. 최근 통증클리닉에서는 자율신경계의 고장으로 땀이 비정상적으로 많이 생기는 것이 발냄새의 원인임에 착안하여 약물로 신경마디를 죽여 땀을 없애는 방법을 쓰고 있다.

손금과 마찬가지로 발금도 있다. 개인마다 달라 손의 지문이나 손바닥의 손금처럼 쓸 수 있으며, 일부 역술인들은 '수상<족상<관상<심상'이라며 발금을 손금보다 높이 친다. 국내 최고의 인상학자로 평가받는 주선희 씨는 "발금도 변하며 대

체로 평소 힘차게 걷는 사람은 발금이 세로로 나는데 평소 주저하면서 가로로 걸어 발금이 가로로 난 사람보다 성공할 가능성이 높다"고 말한다. 그러나 생물학적으로 발금은 미끄럼을 방지하기 위해 생긴 것일 따름이다.

발톱은 손톱과 함께 태내에서 8~12주쯤 생겨 하루 평균 0.25㎜ 정도 자란다. 그러나 손톱 성장 속도의 4분의 1 정도로 손톱보다는 느리게 자란다.

과거에도 그랬지만 지금도 결혼식날에는 짓궂은 친구들이 신랑의 발바닥을 때리는 '의식'을 벌인다. 이 대명천지에서는 아직도 도끼자루로 신랑의 발바닥을 때리다가 신랑이 의식을 잃는 사고가 심심찮게 벌어진다. 발 반사요법에 따르면 발바닥 중심부 깊은 곳인 '장심'엔 위·심장·간장·신장 등의 반사구가 모여 있으며, 발꿈치에는 생식선의 반사구가 모여 있다. 신랑의 발바닥을 두들기는 이 같은 전통은 '이제 어른이 되니까 가족을 부양하고 살려면 건강해야 된다'는 깊은 의미가 담겨져 있는 것이다.

남성의 발은 무술스타 이소룡·이연걸 등 '고수'들이 보여주듯 무예의 무기로 발달해왔는데, 발로 찰 때의 충격은 정권(正拳)으로 가격할 때의 최소 세 배다.

반면 여성의 발은 수백 년 동안 '미(美)'의 명목 아래 비정상적으로 좁고 짧게 조여져야 했다. 중국 여인들은 여섯 살 때부터 발을 묶는 전족(纏足)의 시련에 들어갔는데, 비정상적으로 발이 작아지면 상대적으로 '그곳의 조임근(괄약근)'이 발달해 남성의 성적 만족을 증가시킨다는 보고가 있다. 서양인들도 발이 큰 남성은 음경이 크고 발이 작은 여성은 질이 작다고 여겼다. '당신의 발이 너무 커서 사랑할 수 없어요'란 재즈 가사가 있을 정도이다.

한편 발 키스는 극단적인 겸손이나 굴복의 표현이었다. 로마의 황제였던 디오클레티아누스는 알현하려 오는 인사들에게 '굴복'을 요구했다. 반대로 교황이 신도들의 발을 씻기고 키스를 하는 것은 겸손의 상징이다. 기독교에서는 오른발은 선, 왼발은 악을 뜻한다고 믿는다. 신이 오른발을 통해 역사하고 악마는 왼발을 통해 영향력을 행사한다는 것이다. 군대행진에서 왼발을 먼저 내미는 것도 병사들에게 상대편에 대한 적의와 정의감을 심어주기 위해서였다.

역사와 사회에 녹아있는 몸

'인체의 강물', 피

한자 '血(피 혈)'은 역사가 오래된 한자다. 1994년 중국에서 발행된 '중화자해'에는 8만 5,000자의 한자가 수록돼 있지만 3,500여 년 전 갑골문의 글자는 3,000여 자 뿐이다. '血'자는 이 3,000여 글자에 속해 있다. '血'은 제사 때 짐승의 피(')를 그릇(皿)에 담은 모양이다. 갑골문엔 받침이 있는 길쭉한 그릇에 네모 또는 동그란 피가 들어있는 모양이고 현재의 글자꼴은 진나라 때 예서(隸書) 꼴로 만들어졌다. 피비린내 나는 분서갱유(焚書坑儒)의 시대에 피의 글자꼴이 완성된 것이다.

'인체의 강물'로 불리는 피는 몸무게 70kg의 경우 약 5.6ℓ

인데, 55%는 혈장(血漿)이고 나머지가 혈구(血球)다. 혈장은 90%가 물이고, 7-8%는 단백질이며 옅은 노란색를 띤다. 혈장은 소화기관에서 꿈틀운동(연동운동, 蠕動運動)으로 흡수한 영양분, 간에서 만들어진 알부민 등을 세포까지 운반하고 노폐물을 콩팥으로 보내 폐기처리한다.

혈구는 피톨로도 불리는데 톨은 '작은 알갱이' '낱개'라는 뜻의 순 우리말이다. 피톨은 붉은피톨(적혈구), 흰피톨(백혈구), 혈소판으로 이뤄진다. 피톨 중 양이 가장 많은 붉은피톨은 헤모글로빈이 빼곡히 들어있어 '가스'를 운반한다. 산소를 옮길 때 헤모글로빈의 철 성분이 산소와 결합해서 산화철이 되기 때문에 녹슨 철로처럼 벌겋게 보인다. 반면 이산화탄소를 운반하는 정맥피는 검붉다. 몸 속의 군대인 흰피톨은 순백(純白)색이 아니다. 전자현미경으로 보면 핵은 검은색, 세포질은 투명에 가깝다. 염색처리한 뒤 일반현미경으로 봤을 때 세포질이 허옇게 보이기 때문에 붉은피톨보다 희다는 뜻에서 흰피톨로 부를 따름이다.

혈소판은 피의 응고를 담당하는데 유전자가 고장나 이것이 제 기능을 못하는 것이 혈우병(血友病)이다. 이 병의 의학명 '헤모필리아(Hemophilia)'는 피를 사랑한다는 뜻이다. 남자에게만 나타나고 여자는 유전인자만 갖는다. 19세기 세계의 20%를 지배, '해가 지지 않는 대영제국의 군주'로 불린 빅토리아 여왕도 혈우병 인자를 갖고 있었다. 여왕은 1901년 숨졌으나 유럽 전역에 살고 있던 37명의 증손주들은 '왕실 네트워크'를 통해 유럽 전체에 혈우병을 퍼뜨렸다.

피는 지구 둘레의 3배가 넘는 약 13만km의 혈관을 돌고 돈다. 흔히 화났을 때 '핏대가 섰다'고 말하는데 엄밀히 말하면 틀리다. 사전에 따르면 핏대는 큰 혈관, 즉 동맥인데 얼굴이 붉어지는 것은 교감신경(交感神經)이 흥분돼 실핏줄이 팽창하기 때문이다. 한편 혈관세포에 산소와 영양분을 공급하는 혈관도 있어 '혈관의 혈관(Vessel of Vessel)'이라고 불린다.

중세엔 이발사가 외과 의사를 겸했는데 뇌중풍(뇌졸중)·건망증 등을 치료한다며 정맥을 절단해 피를 뽑았다. 피의 빨간색과 붕대의 흰색 줄무늬가 합쳐진 기둥이 이발소의 상징이 된 것은 이 때문이다.

피를 '튼튼히' 하려면 무엇보다 골고루 먹어야 한다. 헤모글로빈의 성분인 철, 적혈구를 만들 때 필요한 B_{12}나 엽산 등이 부족하면 빈혈이 생긴다. 반면 걷기, 달리기, 자전거타기 등 유산소운동을 많이 하면 적혈구가 많아진다.

여성의 경우 자연분만 중 잃는 혈액은 350~600cc로 헌혈 때 채혈량보다 약간 많다. 제왕절개 때는 1000cc까지 잃는다. 월경 때는 35~50cc가 빠져나가지만 다이어트로 철분을 적게 섭취하면 이 정도로도 빈혈이 생긴다. 헌혈이나 골수이식을 하면 해롭다는 말이 있으나 사실이 아니다. 오히려 '매너리즘'에 빠지기 쉬운 순환계와 골수를 자극해 몸이 더 튼튼해질 수 있다.

한편 혈액형은 1900년 오스트리아의 칼 란드스타이너가 찾아냈고 그는 이 공로로 30년 뒤 노벨상을 탔다. 이전에는 아무 피나 수혈하다가 생사람을 많이 잡았다. 혈액형은 혈액의 표시장치인 항원에 따라 결정되는데, 사람의 혈액형 항원은 ABO형 외에 RH, MNSs, Lewis, Duffy, Kidd 등 500여 가지이다. 이 중 'ABO형'과 'RH'형이 특히 중요한 것은 이들 속에는 서로 다른 유형의 피를 깨부수는 항체가 있기 때문이다.

혈액형에는 '약(弱)A' 또는 '약B'도 있는데 적혈구 속에 있는 항원 수가 표준보다 적은 것을 말하며, O형으로 진단되기도 한다.

또 AB형 중에는 A형과 B형 인자와 붙어 다니는 '시스(Sys)-AB형'도 있어 O형과 합쳐지면 자녀가 AB형이 태어날 수 있다. A형과 B형의 혈액을 동시에 갖고 있는 '혈액 키메라'도 있다. 쌍둥이나 수혈받은 사람 중에서 극히 드물게 나타난다.

과학자들은 혈액형과 질환에 대해 무수히 많은 보고서를 냈다. A형은 O형보다 위암·난소암에 걸릴 확률이 높고, O형은 다른 혈액형보다 위궤양·장티푸스·소아마비 등에 잘 걸린다는 것 등이다. 한편 개·소·돼지·양 등에게도 혈액형이 있다. 현재 밝혀진 바에 의하면 개의 혈액형은 11가지다.

여성 해방의 상징, 가슴

여성운동은 브래지어를 불태우고 가슴을 드러내면서 불타올랐다. 1968년 미국 애틀랜틱시티, 시인 로빈 모건이 이끄는 여성해방당의 당원들은 미스아메리카를 뽑는 대회장 밖에서

브래지어를 벗어던지고 '브래지어 화형식(火刑式)'을 가졌다. 이어 1980년대까지 여성들은 시위 때 툭하면 웃통을 벗어 남자 경찰들을 곤혹스럽게 했다. 그러나 우리 나라에서는 그 기간 버스나 길에서 아이에게 젖을 먹이는 산모의 모습이 서서히 사라져갔다. 두 경우 다 여성의 가슴이 모성의 역할 외에 강한 성적 이미지를 갖기 때문에 생긴 현상이다. 그러나 요즘에는 영화·광고업계 등에서 남성 가슴에 성적 이미지를 부여하려는 움직임이 나타나고 있다.

남녀 모두 가슴은 목에서 명치까지 뻗은 한 개의 복장뼈와 이를 중심으로 양쪽에 있는 12쌍의 갈비뼈, 가슴 뒤쪽 12개의 가슴등뼈로 이뤄진 골격을 근육과 지방이 덮고 있는 형태다. 육체미에서는 남성의 가슴 중에 큰가슴근육(대흉근)이 잘 발달된 가슴을 아름다운 것으로 여긴다. 그래서 미국에서는 몇 해 전부터 남성의 가슴팍에 큰가슴근육 모양의 보형물을 넣는 수술이 유행하고 있다고 한다.

여성의 유방은 20세 안팎일 때 3분의 2가 젖샘(유선)이고, 나머지 3분의 1은 지방이다. 일부 여성은 젖을 크게 하려고 특수 운동을 하는데, 유방에는 근육이 없으므로 운동을 한다고 커지지 않는다.

유방에 대한 가장 오래된 의학적 기록은 3,400여 년 전 이집트의 파피루스에 나타난다. 여기에는 산모의 젖이 잘 나오도록 자극하는 방법이 새겨져 있다. 이집트의 문헌에 따르면 젖은 온갖 병의 치료제로 쓰였다. 젖은 '변형된 땀'으로도 불리는데 젖이 만들어지는 젖샘이 원래는 땀샘이기 때문이다. 젖이 나오는 젖꼭지의 바닥을 우리말로 '젖꽃판', 한자어로 '유륜'이라고 한다. 임신 전에는 분홍빛을 띠지만 임신 후 점차 색깔이 짙어져 젖이 나올 무렵 흑갈색으로 변하며 젖을 뗀 뒤에도 원래 색으로는 돌아가지 않는다. 젖꽃판의 오돌오돌한 돌기는 '몽고메리 결절(Montgomery Tuber)'이라고 하는데, 지방질 액이 나와 젖꽃판과 주변 살을 보호한다.

그런데 엄마의 유방은 아기에게 젖을 먹이기엔 사실 불편하다. 다른 영장류는 편편한 가슴에 젖꼭지만 튀어나와 젖을 먹이기 쉽지만 사람은 아기의 숨쉬기를 방해할 정도다. 왜 그럴까? 인류학자들은 다른 영장류 암컷이 오로지 뒤쪽, 즉 궁둥이로 성적 신호를 보내는데 비해 사람은 직립보행을 하게 되면서 뒤쪽보다 앞쪽으로 신호를 보낼 필요성이 생겼다는 점에 주목하고 있다. 즉 '모방적 궁둥이'가 진화한 것이 볼록한 유방이라는 것이다. 그러나 미국 스탠퍼드 대학 여성문제연구소의 마릴런 얄롬 박사는 "아프리카 여성들은 가슴을 드러내 놓고 다녀도 남성이 별로 관심을 보이지 않는다"며 성적 신호설을 반박한다.

한편 터키의 오래된 도시 에페수스에서 발굴된 '달의 여신' 아르테미스상에는 20여 개의 유방이 주렁주렁 달려있다. 진화론자들은 이처럼 인간의 유방도 예전에는 여러 개였다고 주장한다. 그리고 그 흔적이 덧유방(부유방, Polymastia)이다. 태아 때 겨드랑이에서 사타구니에 이르는 '젖샘'에서 여러 개의 유방이 만들어지고 출생 뒤 가슴을 제외한 나머지 부위의 유방은 퇴화하지만 극히 일부에서는 퇴화과정에 문제가 생겨 그 흔적이 남는다. 매우 드물지만 겨드랑이나 배·사타구니 등에 있는 부유방에 유방암이 생길 수도 있다.

프랑스 파리의 루브르 박물관에 있는 밀로의 비너스상도 유심히 보면 유방이 세 개다. 오른쪽 유방 위, 겨드랑이 가까운 곳에 작은 봉오리가 있는 것이다. 한편 기원전 8세기 호머의 『일리아드』에 등장하는 여전사족(女戰士族) 아마존(Amazon)은 유방이 없다는 뜻이다. 기록에 따르면 화살을 더 잘 쏘기 위해 어릴 적에 오른쪽 유방을 없앴다고 한다.

뇌를 떠받치는 고단한 기관, 목과 어깨

"한국의 고속도로에는 늙은 개가 뛰어다녀 문제인 모양이지?"

1990년대 초 고속도로의 '노견주행금지'란 표지판을 보고 우리말을 갓 배운 외국인들은 "웬 노견(老犬)?"하며 의아해 했다. 1995년 당시 문화체육부가 일본말투 노견(路肩)의 순화어를 갓길로 정하기 전, 학자들 사이에선 길섶·길가 등 다양한 대안이 나왔다. 비록 탈락했지만 '길어깨'로 하자는 의견도 있었다. 길어깨처럼 길에 신체용어가 붙는 낱말로는 길어귀라는 뜻의 '길목'이 있지만 두 낱말엔 연관성이 거의 없다.

그러나 인체에서 목과 어깨는 떼려야 뗄 수 없는 관계이다.

붙어있는 기관이기도 하지만 대부분의 경우 목을 다치면 어깨가 아프고, 어깨를 다쳐도 목이 아프다. 우리 몸의 '컴퓨디' 격인 뇌를 몸통과 연결하는 목은 7개의 목뼈와 그 사이에서 완충 작용을 하는 젤리 비슷한 수핵(디스크)을 힘줄과 근육 등이 지탱한다. 목의 뿌리말인 '멱'은 원래는 목 전체를 가리켰지만 요즘에는 주로 목 앞부분만을 가리키고 목 뒷부분은 고개 또는 뒷덜미라고 불린다.

목은 동맥과 무수한 신경이 지나가기 때문에 '의료사고가 잦은 지역'이다. 성형외과에서는 턱뼈 수술을 하다 목동맥이 터져 119구급대가 출동하는 일이 종종 벌어진다. 사람들은 성형수술을 대수롭지 않게 여기지만 턱뼈 수술은 목동맥이 터지거나 입과 목의 신경을 다치는 경우가 적지 않고 사망사고로 이어질 수 있는 대단히 위험한 수술이다. 또 요즘에는 수술 기구와 수술법의 비약적 발달로 상황이 많이 달라졌지만 몇 년 전까지만 해도 목디스크 수술 때는 허리디스크수술과 달리 온몸 또는 반신마비 사고가 종종 일어났다.

한편 '목구멍이 포도청'이라고 할 때의 그 목구멍에는 인두와 후두가 있어 '이비인후과 의사'들의 '포도청'을 채워준다. 이 부분은 소화기와 호흡기의 초입이기도 하다. 목을 떠받들고 있는 어깨는 다목적 도구인 팔을 몸통에 잇는 연결기관이기도 하다. 빗장뼈(쇄골), 어깨뼈(견갑골), 위팔뼈(상완골) 등의 뼈와 관절, 인대, 근육 등으로 이뤄져 있다.

어깨는 마음이 편할 때 뒤로 처지고 '위기상황'에 위로 올라간다. 그래서 늘 스트레스를 받는 사람은 어깨가 위로 둥글게 되며 이 자세가 쌓이면 구부정해진다. 『털없는 원숭이』의 저자 데스먼드 모리스는 "어깨를 들썩이며 웃는 것은 공포와 안도가 되풀이되는 것"이라며 모든 유머의 바탕엔 공포가 배어있기 때문이라고 설명했다.

한편 여성의 목은 백조처럼 길고 가늘어야 아름답다고 여겨져 왔다. 일부 부족들은 지금도 목에 쇠고리를 끼워 목을 늘이고 있으며 일본의 게이샤는 가느다란 목덜미에 화장을 해서 성적 매력을 강조한다. 여성의 목이 길게 보이는 것은 여성의 가슴팍 길이가 남성보다 짧은데다 가슴뼈 꼭대기가 남성보다 낮기 때문이다. 반면 남성의 목은 사냥터에서 안전하게 살아남도록 짧고 굵은 형태로 진화했다. 목이 짧고 굵어야 뇌손상이 적다. 그래서 권투선수는 타이슨처럼 목이 굵어야 몸값이 높아진다.

남성의 목에서 볼록 튀어나온 '후두 융기'는 영어로 '아담의 사과(Apple of Adam)'라고 한다. 남성의 목청, 즉 성대가 여성보다 긴데다 안쪽에 있는 방패연골의 각도가 성별로 차이가 나기 때문에 남성의 후두융기가 여성보다 더 예리하게 튀어나온 것처럼 보인다.

그런데 의식적으로 목소리를 깔고 얘기하면 목청의 구조가 변해 목소리도 저음으로 바뀐다. 단 성대에 혹이나 결절이 생기는 부작용은 각오해야 한다. 남자 목소리가 가늘고 높아서 고민일 경우 성대 일부를 잘라내는 수술을 받으면 바리톤의 목소리를 가질 수 있다.

목은 간지럼을 잘 타는 부위인데, 목이 성감대라는 증거다. 목은 피부가 얇고 신경이 예민해서 깨물지 않고 입술을 오래 대고 있기만 해도 실핏줄이 터져 '키스 마크'가 남게 된다.

한편 남성의 어깨는 여성보다 넓을 뿐 아니라 높기도 해서 아내가 남편에게 기대어 잠들기 좋은 구조이다.

목과 어깨를 튼튼하게 하려면 머리는 바로 세우고 턱은 안으로 약간 당긴 채 가슴과 어깨를 펴고 배가 안으로 들어가도록 힘을 주는 자세로 지내는 것이 좋다. 사무실에서는 되도록 고개를 숙이지 않은 채 일한다. PC 모니터나 노트북 밑에 전화번호부와 같은 두꺼운 책을 놓으면 목을 덜 숙일 수 있어 덜 피로하다. 또 틈틈이 '목운동'을 해주면 좋은데 목을 이리저리 돌릴 것이 아니라, 목을 세운 상태에서 턱을 당겨 붙이고, 앞·뒤·좌·우 네 방향에서 손으로 머리를 밀고 목에 힘을 줘 버티도록 한다.

한방에서는 목이 뻐근할 때 엄지를 한 축, 집게와 가운데 손가락을 다른 축으로 삼아 집게 모양을 만든 다음 뒷목 양쪽의 근육을 가볍게 잡고 10~20초 정도 아래위로 눌러준 뒤, 목덜미 전체를 똑똑 두드리기를 서너 차례 되풀이하라고 권한다.

피노키오의 상징, 코

의학적으로 근거는 적지만, 우리 나라뿐 아니라 서양에서도 코가 크면 '거시기'도 크다는 속설이 널리 퍼져 있다. 서양에서는 특히 콧등이 긴 코나 매부리코(로마인 코, Roman Nose)를 가진 남성들이 호색녀(好色女)의 음탕스런 눈길을 받고 있다.

코와 성기는 공통점이 많다. 남성 신체의 앞부분에 돌출된 기관은 두 가지뿐이다. 또 성적으로 흥분하면 둘 다 '발기'한다. 코와 성기 모두 피가 가득 차고 부풀어 오르면서 민감해진다. 영국의 한 '쓸데없이 부지런한 의사'는 성적 흥분기에 코의 온도가 섭씨 1-3도 올라간다는 연구결과를 내놓기도 했다.

크기와 관계없이 코가 제 기능을 할 경우 온몸이 건강해지는 것은 엄연한 사실이다. 코는 호흡의 관문이므로 코가 나쁘면 머리가 흐려지고 컨디션이 나빠지기 마련이다. 아이들이 코염(비염)이나 코곁굴염(축농증)일 때에는 집중력이 흐려지고 성적이 떨어진다.

그리고 사람은 비교적 납작한 얼굴에 코가 튀어나온 유일한 동물이다. 왜 튀어나왔는지에 대해서는 몇 가지 가설이 나와 있다. 가장 설득력 있는 것으로는 인류가 고온다습한 지역에서 춥고 건조한 지역으로 퍼져나가면서 '공기'에 적응하는 과정에서 커졌다는 가설이다. 실제로 건조한 지역에 사는 사람들이 다습한 지역의 주민보다 코가 높고 큰 경향이 있다. 눈을 보호하기 위해 튀어 나왔다는 가설도 그럴 듯하다.

또 코는 '소리울림 장치'이기 때문에 발성을 위해 진화했다는 가설도 있다. 일부에서는 인류가 수중생활 단계에서 자맥질할 때 물이 들어오는 것을 막기 위해 코가 현재의 모양을 갖췄다고 주장하기도 한다.

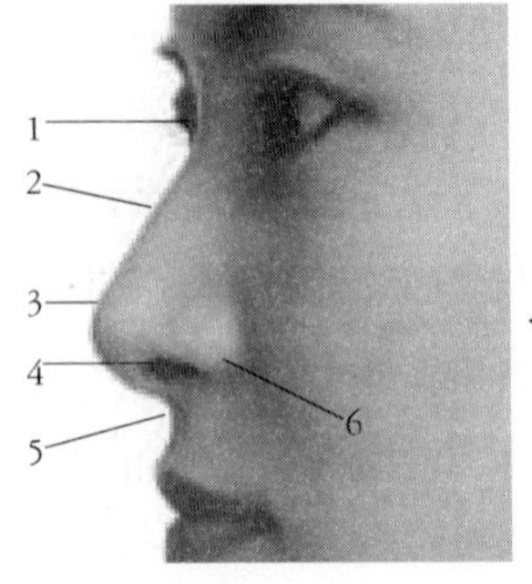

◀ 바깥코의 부분
1 코뿌리(코허리) Root of nose
2 콧등 Dorsum of nose
3 코끝 Apex of nose
4 콧구멍 Nostril
5 코밑(인중) Philtrum
6 콧방울 Ala of nose

코는 바깥코(외비, 外鼻), 코안(비강, 鼻腔), 코곁굴(부비동, 副鼻洞)으로 이뤄져 있다. 바깥코는 콧부리(비근, 鼻根, 코의 맨위), 콧등(여기서 코허리 또는 콧잔등은 콧등의 잘록한 곳), 코끝(콧등의 맨밑), 코밑(콧구멍이 있는 코 밑바닥), 콧방울(또는 콧날개, 코끝에서 좌우로 부푼 곳) 등으로 구분된다. 코곁굴은 코 주변에 있는 네 쌍의 공기방이다. 흔히 축농증이라고 말하는 병은 여기에 고름이 찬 것으로 의학용어로는 코곁굴염(부비동염)이다.

코안과 코곁굴의 점막에선 하루 1ℓ의 콧물을 만들어 폐가 공기를 받아들이기 가장 좋은 상태로 만든다. 폐는 섭씨 35도, 습도 95%의 깨끗한 공기만을 요구하는데, 코에서 1차로 걸러 콧속을 지날 무렵의 공기는 섭씨 32도, 습도 90%정도가 된다.

점막에 있는 수백만 개의 섬모는 1분에 250회 정도 흔들리면서 콧물을 1분에 0.2㎝씩 밀어 목뒤로 흘려보낸다. 코곁굴은 외부충격으로부터 뇌를 보호하고 목소리를 울리게 해주는 역할도 한다.

코 안의 윗부분에 있는 작은 동전 크기의 후각상피는 냄새를 맡는 기능을 하는데, 세포 수는 약 500만 개이다. 개의 2억 5,000여 만 개보다는 적지만 사람도 후각을 개발하면 수억 분의 1로 희석된 물질의 냄새를 맡을 정도로 예민하다. 한편 식도락가는 코를 '제1미각 기관'으로 부른다. 혀는 단순한 미각을 맡을 뿐이고 진정한 맛은 코를 통해 음식의 냄새를 맡는 과정에서 느낄 수 있다는 것이다.

코는 건조한 공기를 싫어하므로 콧병이 없더라도 가습기 등으로 코를 늘 촉촉하게 유지하는 게 좋다. 코에 만성 염증이 있거나 코가 좋지 않은 사람, 감기에 잘 걸리는 사람, 어린이는 잘 때 가능하면 가습기를 켜 놓는 것이 좋다. 하루 한 번 생리식염수로 씻어주는 것도 코 위생에 좋다.

노화의 상징, 피부와 주름살

관자놀이에 해당하는 영어단어는 사원, 신전이란 뜻으로 잘 알려진 '템플(Temple)'이다.

그런데 템플이 관자놀이를 가리킬 때와 사원과 신전을 가리킬 때는 각각 어원이 다르다.

둘 다 라틴어에 뿌리를 둔 단어이지만 사원, 신전이란 뜻은 템플룸(Templum), 관자놀이라는 뜻은 템푸스(Tempus)에서 왔다. 고대 로마에선 템푸스가 '시간'을 뜻했다. 관자놀이에서 맥박이 뛰기 때문이다.

그런데 주름살에도 주목할 필요가 있다. 양쪽 관자놀이 사이 이마와 눈가에 새겨진 주름은 삶의 나이테이므로……. 어하튼 주름살은 늙음의 상징이며 피부에서 표피와 진피의 접착면이 줄어들면서 쪼글쪼글해지는 것이다. 그런데 많은 사람들은 나이가 들면서 주름살이 생기면 이를 없애려고 온갖 노력을 다하지만 젊었을 때 피부를 알고, 피부의 노화를 방지하려고 애쓰는 사람은 참 적다.

피부는 맨 바깥쪽에 있으면서 물집이 생기면 벗겨지는 '표피(表皮)'와 그 안의 '진피(眞皮)', '피부밑지방층' 등으로 이뤄진다. 피부는 우리 몸의 '성벽(城壁)'으로 면역계의 최첨단에 있다. 현대의학이 발달하기 전 전쟁터의 전사자들 중에 절반 이상은 상처로 피부 조직이 파괴돼 감염으로 숨진 것이었다. 영화에서처럼 뛰어난 장수의 칼날에 한 순간에 숨지는 사람은 정말 몇 명 되지 않았다. 과거에는 피부가 썩는 욕창이 사망률 1, 2위를 다투는 질환이었다. 피부는 수분과 온도를 조절해서 인간의 생명활동을 가능케 한다. 보통 손발톱과 털은 피부와 별개의 조직으로 알기 쉽지만 이것들도 피부에 속한다.

앞서 언급한 주름살은 진피의 콜라겐섬유(다른 신체 조직이나 수분을 붙잡는 특성이 있다)와 탄력섬유(피부가 늘어나면 원상태로 되돌린다)가 파괴되고, 표피와 진피 경계 부위에 있는 세포와 모세혈관이 줄어들면서 생긴다. 과학자들은 피부를 변화시키는 '주범(主犯)'으로 햇빛의 자외선, '공범(共犯)'으로 몸 안에 쌓인 유해산소를 꼽는다. 얼굴에 주름이 집중적으로 생기는 이유는 얼굴살의 두께가 얇기 때문이다. 특히 눈꺼풀은 우리 몸에서 가장 얇다.

인상을 쓰면서 이마에 주름살을 짓는 것은 사람뿐 아니라 영장류 모두에게 해당되는 모습이다. 원숭이는 위험한 상황에서 도망칠 수 없을 때 눈썹을 올리고 주름을 짓는다. 이마 주름은 확실히 '인상파'에게서 많다. 이마 주름이 깊이 팬 사람은 대부분 걱정이 많은 사람이다. 자주 웃으면 얼굴 전체에 주름이 생긴다고 여기는 사람도 많지만 기쁠 때에는 탄력섬유가 왕성히 활동해 주름살로 되지 않는다는 설명이 더 그럴싸한 것 같다.

아프리카의 몇몇 부족은 성인식 때 칼로 이마를 가로로 죽죽 파서 '인상파 얼굴'을 만든다. 또 수단의 일부 부족은 눈썹 바로 위에 칼자국을 내고 그 안에 잔돌을 넣어 불룩불룩하게 만든다.

인체에서 얼굴 외에 주름이 있는 대표적 기관은 성기다. 남녀 모두 광노화(光老化)에 관계없이 주름이 나있다. 음경 피부는 지방층이 없고 진피와 안쪽의 스펀지조직(해면체)을 섬유조직이 이어주고 있는 형태다. 여성의 소음순은 점막층과 해면조직으로 구성돼 있다. 남성의 진피와 여성의 점막층은 팽창에 대비해 쪼글쪼글한 형태로 대기중이다.

한편 목욕 뒤 손발이 부풀어 오르고 주름지는 것은 표피층이 물을 많이 흡수하는 반면 진피층은 그렇지 않기 때문이다. 즉, 표피층이 팽창하면서 표면적은 넓어지지만 진피층은 그대

로여서 쭈글쭈글해지는 것이다.

예술과 외설의 갈림, 털

『털없는 원숭이』.

영국의 세계적 동물학자 데스먼드 모리스가 1967년 내놓은 명저 『네이키드 에이프 *The Naked Ape*』의 한국어판 제목이다. 사실 인류는 193종의 영장류 중 유일하게 맨들맨들한 피부를 가졌다. 그러나 엄밀히 말해 '벌거벗은 원숭이'라면 모를까, 이 제목은 적당치 않다. 머리카락도 털이라면 사람의 머리털과 수염은 깎지 않고 내버려두면 영장류 중 가장 길게 자란다. 선사시대에 인류는 긴 머리털과 수염을 치렁치렁 휼날리며 들판을 누빈 '긴머리 동물'이었다.

발생학적으로 피부의 구성 성분인 털은 우리 몸에 500만 개 정도 나있다. 털은 진피와 피부밑지방(피하지방) 사이의 털주머니(모낭, 毛囊)에서 만들어지고 피부 속의 털은 털뿌리(모근, 毛根), 밖의 털은 모간(毛幹)으로 불린다.

털은 바깥으로 나올 때 케라틴이 뭉쳐지면서 굳어지는데 케라틴은 피부의 가장 바깥층에 있고 벗겨지면 때가 되는 각질과 손톱의 성분이기도 하다. 털은 임신 20주부터 나기 시작하는데 피부의 다른 부위와 발생시기가 엇비슷하다. 이 배내털은 임신 32~36주까지 자라다가 빠지고 대신 솜털이 자란다.

인종별·민족별로 털의 색깔이 다른 것은 털주머니로 들어가는 멜라닌 색소 때문이다. 입자의 모양과 양에 따라 검정, 갈색, 금발 등의 머리가 생기며 노란 색소, 빨간 색소 등이 따로 있는 것은 아니다. 또 머리털의 색깔과 다른 부위 체모 색은 대체로 일치한다. 머리색 별로 머리카락 수도 다른데 금발은 14만 개, 갈색은 10만 8,000개 정도이며, 붉은 머리털은 9만 개를 넘지 않는다.

흔히 노인을 실버 세대라고 하는데, 이것은 일본식 영어다. 요즘엔 일본에서도 영어 표현대로 골든 세대라는 말이 유행하는데, 여하튼 은색 또는 회색 머리카락은 없다. 멜라닌 색소가 털주머니로 들어가지 못하면 흰색이 될 뿐이며, 은색 또는 회색으로 보이는 것은 흰색과 검은색 머리카락이 섞여있어서이다.

그런데 '거시기'의 털은 예술과 외설을 나누는 기준이기도 했다. 20세기 중반 모딜리아니와 피카소 등이 거웃을 작품 속에 그리기 전에는 화가들이 이것을 작품 속에 담으면 외설에 속했던 것이다. 또 과학자들은 왜 거웃(음모)이 있는지에 대해 고민했다. 일부에서는 성기를 보호하기 위해서라고 주장하지만 무모증일 경우 마찰로 음부가 상했다는 기록이 없으므로 설득력이 약하다. 가장 타당한 설명은 겨드랑이의 털과 마찬가지로 성적 냄새를 보관하고 운반하는 역할을 맡고 있다는 것이다.

한편 동물들은 적대감을 표시할 때 털세움근(입모근, 立毛筋)이 움직여 털을 뾰족하게 세우는데 사람은 추울 때나 무서울 때 털이 약간 선다. 호기심 많은 과학자들은 성적 흥분기의 초기에 음모 부근의 입모근이 움직여 거웃이 부르르 일어섰다가 가라앉는다는 것을 발견했다.

머리카락 한 가닥은 160g의 무게를 지탱한다. 머리털을 다 뽑으려면 16t의 힘이 필요하다. 중국의 곡예사는 머리털로 공중에 매달려 온갖 재주를 부린다. 그만큼 인간 머리털의 힘은 놀랍다. 고대에서는 머리털을 힘의 상징으로 여겼고 케사르(Caesar)도 사실 '머리털이 난' '머리털이 긴'이란 뜻이다.

고대 이라크 북부지역의 아시리아인은 최초의 헤어스타일리스트로 알려져 있다. 그들은 눈금을 대고 수염을 잘랐고 긴 머리는 곱슬거리게 해서 가슴 위까지 늘어뜨렸다. 반면 그리스와 로마인들은 면도하는 풍습이 있었다. 알렉산더 대왕은 전쟁에서 적군에게 수염을 잡히지 않기 위해 면도하라고 명령했었다. 그래서 마케도니아군은 적군을 턱수염(Barba)이라고 불렀는데 이것이 오늘날 영어의 이발사(Barber)와 야만인(Barbarian)의 어원이다.

한편 수염은 남성미를 나타내지만 지저분해지는 것이 흠이다. 그래서 콧수염을 근사하게 다듬으면 남성다우면서도 깨끗한 얼굴을 유지할 수 있었다. 그러나 1970년대 동성연애자 사이에서 콧수염이 유행하면서 이들이 '멀쩡한 신사'들을 따라다니자 일반인 사이에서 그 유행은 사라졌다.

보드랍고 긴 머리는 여성미를 나타낸다. 어린 기생과 관계 맺는다는 뜻의 '머리 얹히다'를 빗대어 요즘 우리 나라에서는 골프장에 처음 나갈 때 '머리 올린다(얹다)'고 하지만, 서양에서는 '머리를 푼다'는 것이 여성의 몸을 허락한다는 뜻이었다.

머리를 자르는 것은 '궁형(宮刑)'과 다름없었다. 제2차세계대전 뒤 프랑스 파리에서는 나치에 협력한 여성들이 거리에 끌려나가 머리를 깎이는 수모를 당해야만 했다.

유교에서는 신체발부 수지부모(身體髮膚 受之父母)라 하여 머리카락을 자르는 것을 금기시했으며 이 때문에 일제의 단발령 때 목을 매 자결하는 선비들이 속출했던 것이다.

또 1989년 임권택 감독의 영화 「아제아제 바라아제」에서 순녀(강수연 분)가 눈물을 머금고 머리를 깎는 삭발식의 명장면이 상징하듯 머리를 깎는다는 것은 곧 속세와의 인연을 정리한다는 의미였다.

요즘에는 동·서양의 이런 의미 때문에 삭발이 기존 체제에 대한 저항을 의미하고 있다. 교황에 대한 거침없는 저주로 유명한 아일랜드의 '대머리 여가수' 시너드 오코너는 몸으로 저항을 보여주는 경우다.

털은 이처럼 사람에게 큰 의미를 가진 신체 조직이다. 따라서 사람은 '털없는 원숭이'가 아니라, 털에 엄청난 의미를 부여하는 동물인 셈이다.

몸과 마음

나를 움직이는 주인은 무엇일까?

사람은 다른 동물과 본질적으로 다른 동물일까?

우리 인간에게는 다른 동물과 달리, 육체와 독립한 고귀한 영혼(靈魂)이 있는 걸까, 아니면 인간은 단순히 진화론적으로 뇌가 발달한 동물일 따름일까?

많은 심리학자와 정신분석학자, 종교인 등은 마음을 동물과 구별되는 인간의 특성으로 믿고 있다. 대부분의 일반인도 그렇게 믿는다. 과연 그럴까? 과연 마음은 엄존하는 실체이며 육체를 관리하는 진짜 '나'일까?

"나는 생각한다, 고로 나는 존재한다"고 말한 르네 데카르트

트는 서양에서 처음으로 마음의 실체를 입증하려고 했던 학자다. 그는 세상이 공간을 차지하는 '물체'와 사유를 특징으로 하는 '정신'으로 이뤄진다고 주장했다. 그는 정신이 따로 존재하는 근거로 우리 자신을 되돌아보는 내성(內省), 언어의 사용, 수학적 사고 등을 들었다.

그러나 컴퓨터의 등장으로 언어, 계산능력 등을 인간만의 특징으로 보기 어렵게 됐다. 또 내성도 동물이 세상을 파악하는 감각능력과 마찬가지로 절대적이지 않아 충분히 틀릴 수 있으며 인간만의 특성으로 보기 힘들다는 주장이 점점 설득력을 얻고 있다. 영국의 동물학자 제인 구달은 아프리카 침팬지들의 생활을 관찰한 뒤 "침팬지도 지능적 사회행동을 공유하며 사람만의 특징으로 여겨진 본성의 추한 측면까지 갖고 있다"면서 인간의 정의를 고쳐야 한다고 주장했다.

또 뇌의학의 발전은 마음이 곧 뇌의 활동일 따름임을 보여주고 있다. 한때 일부 유물론자들은 '사랑을 느낀다'는 말을 '뇌 가장자리계의 OO째 세포의 전기신호가 바뀐다'는 식으로 설명할 수 있다고 주장했다.

최근에는 '유전자야말로 사람의 본령'이라는 주장이 설득력을 얻고 있다. 영국 옥스퍼드 대학교의 생물학자 리처드 도킨스는 생물계에 존재하는 모든 생명체의 목적은 그것을 만드는 유전자를 번식시키는 것이라고 주장한다. 영화 「에일리언」에서 외계인이 사람의 육체를 자기 종족의 번식을 위한 숙주로 이용하는 것처럼, 유전자는 육체를 유전자 자신을 전달하기 위한 수단으로 이용한다는 것이다.

서양에서도 1980년대 이후 동양의 기(氣)에 대해 주목하고 있는데, 기야말로 사물의 근원이며 인간에 있어서도 예외가 아니라는 주장도 있다. 과연 기는 허무맹랑한 이야기일까.

일부에서는 면역계야말로 생명의 주체라고 주장한다. 이런 주장을 펴는 이들은 동물에게 다른 동물의 뇌를 이식한 경우 면역계가 뇌를 이물질로 보고 공격한다는 점을 논거로 제시한다.

과연 나의 주인은 무엇일까? 이렇게 생각하는 나의 사고(思考)는 도대체 어떤 힘에 이끌려서 이뤄지는 것일까?

신비 투성이인 생각의 주인, 뇌

최근 몇십 년 동안 과학자들은 사람의 뇌에 대해 지난 수천 년 동안 알려진 것보다 더 많은 걸 알아냈다.

과학자들은 뇌 이마엽(전두엽)의 문제 때문에 아이가 지나치게 산만해진다는 것을 알아냈다. 늘 술을 폭음한 뒤 기억이 나지 않는 것은 뇌 가장자리계(변연계)의 해마라는 임시 정보 저장고가 순간적으로 고장나 정보가 입력되지 않았기 때문이라는 것도 알아냈다.

그러나 과학자들이 밝혀낸 것은 밤 창문에 비친 실루엣 정도에 불과하다. 아직은 뇌가 한 가지 기능을 하는데 전체가 움직여야 하는지 특정 부위만 필요한지도 잘 알지 못한다.

성인 남자의 뇌는 대략 1.4kg, 여자는 1.25kg이다. 500억 개에 이르는 길쭉한 신경세포인 뉴런(Neuron, 뿔이라는 뜻의 그리스어)이 10%를 차지하고 있고 나머지는 뉴런의 활동을 돕는 아교세포로 메워져 있다. 뉴런은 전기신호나 화학물질을 주고받으며 서로 '통신'한다. 이때 통신장비는 시냅스(Synapse, 접촉이란 뜻의 그리스어)이다. 시냅스를 발견한 스페인의 신경과학자는 이것을 '원형질 키스'라고 불렀다. 뉴런은 태아 때 1분에 250만 개씩 만들어진다. 불과 몇 년 전까지만 해도 일단 뇌가 만들어지면 뉴런은 더 이상 만들어지지 않고 죽기를 거듭해 평생 10% 정도가 사라진다고 보았다. 그러나 최근 어른이 돼서도 뇌세포가 만들어진다는 증거가 잇따르고 있다. 한편 세포 하나하나의 크기도 계속 커져 10대까지 커진다.

뇌는 세 종류의 수막이 감싸고 있다. 가장 바깥쪽은 경질막

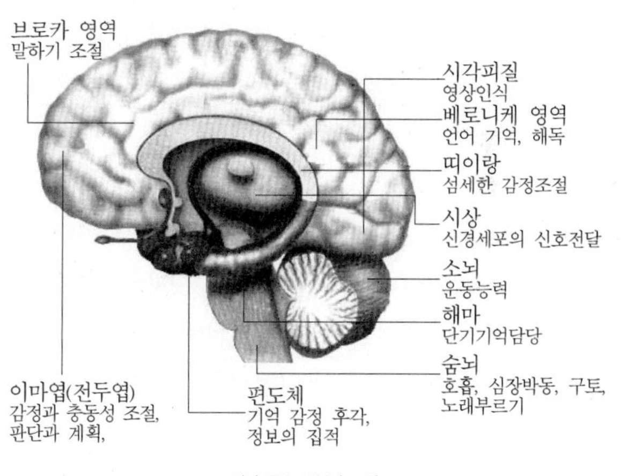

뇌의 주요 부분과 모양.

(Dura Mater, 라틴어로 딱딱한 엄마라는 뜻)이고, 그 안에 잠자리 날개처럼 생긴 거미줄막, 가장 안쪽엔 연질막(Pia Mater, 부드러운 엄마라는 뜻)이 있다. 거미줄막과 연질막 사이에 가득 찬 뇌척수액은 뇌의 빈 공간인 뇌실에서 하루 500cc가량 만들어져 뇌를 돈 뒤 정맥에 흡수된다. 이것은 뇌를 충격에서 보호하며 뇌의 찌꺼기를 배출한다.

뇌는 대뇌·사이뇌·중간뇌·소뇌·숨뇌 등으로 이뤄진다. 이 중 대뇌는 대뇌세로틈새라는 긴 공간에 의해 좌뇌와 우뇌로 나눠져 있다. 좌뇌가 우세하면 오른손잡이, 우뇌가 우성이면 왼손잡이가 된다.

태아는 이른 경우 15주부터 어느 한 쪽을 주로 쓰기 시작한다. 예술가나 게이 중에는 유난히 왼손잡이가 많다. 자폐증 환자의 65%가 왼손잡이라는 연구결과는 자폐증이 뇌이상 때문에 생긴다는 사실과 관련이 있다. 또 오른손잡이는 좌뇌에 언어능력이 집중돼 있어 좌뇌를 다치면 회복이 잘 안되지만, 왼손잡이는 양쪽 뇌에 언어능력이 퍼져있어 우뇌를 다쳐도 잘 회복된다.

최근 좌뇌와 우뇌를 균형적으로 사용하면 몸의 면역기능이 향상되고 정신이 맑아진다는 연구결과가 잇따르고 있으며 이를 환자치료에 이용하기도 한다. 사이뇌는 후각을 제외한 모든 감각정보가 피질로 들어가는 출입로인 '시상'과 식욕·성욕·체온 등을 조절하는 '시상하부' 등으로 이뤄져 있다. 중간뇌는 안구나 동공 운동 등을 조절하며 소뇌는 평형감각, 자세

유지 등을 담당한다. 숨뇌(연수)는 호흡, 심장박동, 구토, 노래 부르기 등과 관련이 있다. 노래방에서 늘 70점을 넘지 못하면 숨뇌 탓으로 돌려도 될 듯하다. 숨뇌 부근의 '망상형성'이라는 신경세포묶음은 정신을 맑게 하고 의식을 깨게 한다.

과학자들은 사고로 인해 뇌의 특정 부위를 다친 사람들의 변화를 살펴 이와 같은 뇌의 기능을 유추해 왔다.

뇌의 특정 부분이 특정한 기능을 맡고 있다는 사실은 술에 취했을 때 사람마다 주사(酒邪)가 다른 이유를 설명해준다. 우리가 흔히 '필름이 끊겼다'고 얘기하는 일시적 기억상실은 영어로는 '블랙아웃(Blackout)'이라고 하는데, 이미 언급했듯이 뇌 가장자리계에서 정보를 단기 저장할 때 신호 전달 체계에 문제가 생긴 것이다. 알코올이 뇌의 브로카(Broca) 영역에 주로 침투하면 혀가 꼬여서 말을 잘 할 수 없게 되고 중간뇌에 침투하면 눈동자가 풀린다. 소뇌가 술에 절게 되면 몸을 지탱할 수 없게 되고 숨뇌를 마비시키면 '급사'하게 되는 것이다.

결론적으로 뇌는 인간의 사고와 행동을 관장하는 주인인 것처럼 보인다. 대부분의 과학자들은 뇌의 활동이 외견상 마음으로 규정된다고 설명한다. 그러나 아직 뇌에 대해서 알려진 것은 너무 적다.

진화의 비밀 간직한 세포와 유전자

어른의 몸에는 60-80조 개의 세포가 있다. 이는 세계 인구의 1,000배나 된다. 우리 몸의 세포는 80일마다 반이 죽고 그 만큼 새로 생긴다. 세포는 심한 자극을 받으면 '사고사'하며 '아폽토시스(Apoptosis)'라는 장치가 품질 미달의 세포나 불필요한 세포를 가차 없이 처분하기도 한다.

중·고교의 생물시간에는 세포핵 안에 '인'이 있다고 가르치는데, '인'의 한자는 뜻밖에 '어질 인(仁)'과 같은 글자다. 많은 옥편에서는 '씨 인'으로 별도 처리돼 있지만 어쨌든 글자꼴이 같다. 세포 속의 '인'은 단백질(protein, 그리스어로 '가장 중요한 것'이란 뜻)을 만들 때, 필수작용을 한다. 인은 유전자의 암호에 따라 단백질이 실질적으로 만들어지는 장소인 '리보솜'을 조립한다.

이 밖에 세포의 세포막 안에는 소포체·리보솜·골지체·리소좀·미토콘드리아 등이 들어있는데, 이 중 미토콘드리아가 요즘 과학자들의 관심을 끌고 있다.

생체에 필요한 에너지(ATP, Adenosine Triphosphate)를 만드는 미토콘드리아는 세포핵 안의 DNA와 구분되는 고유한 DNA를 갖는다. 또 박테리아를 죽이는 항균제에 쉽게 죽는다. 과학자들은 이런 점을 근거로 "20억 년 전 침투한 세균이 인간의 세포 소기관으로 자리잡은 것"이라고 주장한다. 미토콘드리아의 염색체는 어머니에게만 물려받는 것도 특징이다. 1980년대 과학자들이 세계 여성 135명의 미토콘드리아 DNA를 추출, 역추적한 결과 현 인류의 공통적 어머니는 15만 년 전 아프리카에 살았던 것으로 나타났으며, 학자들은 이 가상의 여인에게 '미토콘드리아 이브'란 이름을 붙였다.

노화 이론에서도 미토콘드리아가 등장한다. 우리 몸속에서 쓰다 남은 산소인 활성산소로 인해 파괴된 미토콘드리아가 쌓여 세포가 죽는 것이 노화라는 이론은 여러 노화이론 중 최중심에 있다. 서울대 내과 이홍규 교수는 1997년 미토콘드리아의 감소가 당뇨병 등 성인병의 원인이라는 사실을 세계 최초로 밝히기도 했다.

일부 과학자들은 세포의 핵 안에 있는 유전자가 인간의 주인이라고 말한다. 사람의 세포마다에는 23쌍의 똑같은 염색체가 있고 이들 염색체는 32억 개의 염기쌍이 꽈배기처럼 꼬여 있다. 사람의 세포 하나 안에 있는 DNA를 모두 꺼내서 이중나선형 구조를 풀어 연결하면 183㎝ 정도가 된다. 유전자는 생명활동의 기본 물질인 단백질을 만든다. 유전자가 없으면 생명활동이 불가능하다.

염색체에서는 3개의 염기쌍이 하나의 아미노산을 만들어 내며, 몇 개 또는 수십 개의 아미노산이 모여서 단백질이 된다. 이때 DNA가 직접 아미노산을 만드는 것이 아니라, 전령RNA가 DNA의 암호를 읽는 '전사' 과정을 거쳐 리보솜에 가서 운반RNA를 통해 특정 아미노산을 만드는데, 이를 '번역(translation)'이라고 한다.

그런데 염색체에서 모든 DNA가 단백질을 만들지는 않는다. 2001년 2월 인간 유전자 지도가 발표되면서 사람의 유전자 수가 초파리의 두 배밖에 안 되는 것으로 드러나자 과학자들은 충격에 휩싸였다. 이전까지 유전자를 10만 개로 추정한 교과서를 다시 써야 할 판이었다. 사람의 유전자는 2만 6,000-4만 개에 불과하며 DNA 중 1-1.5%만 단백질을 만드는 유전자로 나타난 것이다.

과학자들은 유전자가 사람을 사람답게 만든다고 봤지만 이제 유전자와 유전자 사이에서 아무런 역할을 하지 않는 것으로 해석해 '쓰레기 더미(Junk DNA)'로 불렀던 98.5-99%의 염기쌍들에게 주목하기 시작했다. 이전까지 많은 과학자들은 "DNA의 3-5%만 인간에게 유용하며 나머지는 아무 의미 없는 쓰레기더미이므로 이들까지 분석하는 것은 시간낭비"라고 주장했다.

쓰레기 더미에는 특정한 염기 배열이 반복되는데 이를 '반복 서열(Repetitive Sequence)'이라고 하며 전체 유전자의 절반 가까이가 반복 서열이다. 제임스 왓슨과 함께 DNA를 발견한 프랜시스 클릭은 이 부분을 '이기적 DNA'로 불렀다. 별 기능이 없는데도 스스로의 기능을 유지하기 위해 자신을 자꾸 복제한다고 해석한 것이다. 이후 리처드 도킨슨은 『이기적 유전자』에서 유전자가 '자신의 종족'을 보호하기 위해 만일의 사태에 대비해 복제한다고 주장했다. 즉 만일의 사태에 대비해 땅 투기를 한 것이라는 주장이다.

그러나 2001년 이후 쓰레기더미가 더 이상 쓰레기더미일 수 없게 됐다. 도대체 1-1.5%만이 유전자라면 초파리의 2배, 식물보다 적은 유전자로 어떻게 지구의 주인 행세를 할 수 있단 말인가.

과학자들은 세 가지 가설에 주목했다.

첫째, 탤런트 김현주가 몇 개의 드라마에 출연하는 것처럼 하나의 유전자가 여러 가지 역할을 한다는 것.

둘째, 지금껏 탤런트만 중요한 줄 알았는데 알고 보니 연출자가 더 중요하며 '쓰레기더미'가 바로 연출자라는 것. 연출자가 탤런트의 출연 스케줄을 조절하듯 쓰레기더미가 유전자의 발현을 조절하는 등의 주요 역할을 한다는 것. 요즘 많은 과학자들은 쓰레기더미의 '이동 DNA(Mobile DNA)'의 역할에도 주목하고 있다. 이동 DNA는 1983년 여성 과학자로는 처음 노벨 생리의학상을 받은 미국의 바바라 매클린턱이 1940년대 발견했다. 당시 과학자들은 DNA는 고정돼 있다고 봤는데 매클린턱은 염기 중 일부가 튀어나가 다른 DNA로 이동한다는 것을 발견했다. 사람은 수많은 이동 DNA가 존재하다가 5,000년 전부터 급격히 감소했으며, 현재는 약 100개 정도가 있는 것으로 추정된다. 대부분의 이동 DNA는 게놈의 한쪽 부분에서 튀어나가 RNA로 바뀌었다가 다시 DNA로 바뀌어 다른 부분에 삽입되는 것으로 알려져 있다.

셋째, 그동안 DNA의 심부름꾼 정도로 치부했던 RNA가 주요한 역할을 한다는 것이다. 2002년 세계 최고의 학술지인 「사이언스」는 RNA의 재조명을 그 해의 최고 뉴스로 선정했다. 몇 년 전까지 과학자들은 RNA를 DNA의 지시에 따라 유전정보를 전달하는 심부름꾼 정도로 이해했다. 그러나 최근

'작은 RNA(Small RNA)'로 불리는 몇 가지 RNA가 염기쌍을 바꾸거나 제거하면서 DNA를 조절하는 것으로 밝혀졌다. 또 이동 DNA의 움직임을 조절하는 역할까지 하는 것으로 추정되고 있다. 그래서 RNA가 바로 연출자가 아닐까하고 생각하는 과학자들이 늘고 있다.

한편 맹자는 사람은 짐승과 '아주 작은 차이'가 있어 사람을 사람답게 만든다고 말했고, 사람마다의 그 작은 차이가 군자와 소인배를 갈라놓는다고 했다. 사실 과학적으로 맹자의 말은 타당한 구석이 있다. 사람의 유전형질은 침팬지와 1.6%만이 다르고 같은 사람끼리는 0.1%만이 다르다. 이 차이를 과학용어로는 SNP(Single Nucleotide Polymorphism, 단일염기 다형성)라고 하는데 피부나 머리카락의 색깔, 특정 질환에 잘 걸리는 경향, 성격, 키 등이 사람마다 차이가 나는 것은 이 때문이다. 이 SNP 분야는 포스트 게놈 시대의 핵심 연구 분야 중 하나이다.

유전자의 또 다른 모습, 성(性)의 차이

"남성 유전자의 돌연변이는 여성 유전자보다 2배 가량 잦다."

2001년 2월 다국적 연구기관인 인간게놈프로젝트(HJP)와 생명공학 업체 셀렐라 지노믹스사는 인간 유전자 지도를 공개하면서 이렇게 발표했다. 남자가 유전자적으로 상처에 취약하고 여성이 강하다는 점이 게놈 연구결과 밝혀진 것이다.

지금까지 연구에 따르면 남성의 유전자는 돌연변이가 잦지만 대부분 염기 한두 개가 바뀌는 '점 돌연변이'다. 반면 여성의 유전자는 잘 바뀌지 않는 대신 한번 바뀌면 연기가 수 십 개에서 100여 쌍이 없어지거나 손상되는 '왕창 돌연변이'다. 점 돌연변이는 자녀에게 유전돼 개인별 유전적 차이인 SNP에 큰 영향을 미친다. 반면 왕창 돌연변이한 유전자는 대부분 자녀에게 대물림되지 않는다. 배아 또는 태아가 엄청난 변화를 감당하지 못해 숨지기 때문이다. 다만 생명과 관계없는 유전자가 한꺼번에 변했을 때에는 심각한 선천 질환자가 태어나곤 한다. X염색체의 DMD 유전자에 있는 염기쌍 500-1,000개가 손실돼 생기는 근육위축병이 대표적 예이다.

왜 이런 유전자 차이가 생길까?

남성의 경우 고환에서 정조(精造)세포들이 감수분열해 정자가 생기는 과정이 쉴 틈 없이 되풀이되기 때문에 '부품'이 고장날 확률이 크다. 반면 여성은 선천적으로 난자를 갖고 태어나고 생리 때에도 '기성품'을 하나씩 포장해 내놓기 때문에 돌연변이 가능성이 적다. 또 남성은 여성에 비해 술·담배·스트레스 등의 '독성'에 훨씬 많이 노출돼 있다는 점도 남성 유전자의 돌연변이가 잦은 이유다. 현재뿐 아니라 선사시대에도 남성은 위험 요인에 많이 노출됐으며 상대적으로 안정적인 여성에 비해 돌연변이의 가능성이 높았다.

유전학자들은 정확한 이유는 밝히지 못했지만 여성은 유전자의 염기가 고장났을 때 이를 고치는 능력이 남성보다 뛰어나다는 것을 알아냈다.

남자의 성염색체가 'XY', 여성은 'XX'인 것에 착안해 여성의 우월성을 설명하는 학자들도 있다. 최근 과학자들은 Y염색체가 대략 3억 5,000만 년 전에 남성을 결정하는 'SRY 유전자'가 생긴 이후 X염색체보다 훨씬 왜소한 모습으로 진화했고 이 때문에 '짝꿍'인 X염색체와 정보를 교류하지 않게 됐다는 점을 알아냈다. 염색체는 두 짝이 서로 정보를 교류하면서 다양한 변이가 일어나는데 성염색체는 변이를 막기 위해 교류를 안 하는 쪽으로 진화했다는 유전학자들의 설명이다. 예를 들면 머리카락이나 피부는 다양한 것이 허용되지만 성이 다양해져 어지자지(양성), 무성기 등 여러 가지 형태가 생기면 번식에 걸림돌이 되기 마련이다. 이런 와중에 Y염색엔 수십 개의 유전자밖에 남지 않게 됐다. 2003년 미국 화이트헤드 생화학연구소의 데이비드 페이지 박사팀이 「네이처」에 발표한 논문에 따르면 Y염색체에는 SRY 유전자 이외에도 계속 정자를 생산해내는 유전자 등의 건강한 종족 번식에 필요한 유전자를 여럿 발견했다. 그래도 X염색체에 비하면 훨씬 적다.

X염색체에는 2,000여 개의 유전자가 있는데 지능과 관계있는 유전자가 상당히 많다. 따라서 다른 조건을 무시하고 부모의 성염색체만 따졌을 때 똑똑한 남자와 예쁘지만 머리가 나쁜 여성이 결혼했을 때보다 머리는 나쁘지만 잘 생긴 남성과 똑똑한 여성이 결혼했을 때 '괜찮은 자녀'가 태어날 가능성이

훨씬 높다. 신부감을 고를 때 얼굴을 최우선시하는 남성이 어리석다는 것은 적어도 유전학적으로 타당한 듯하다.

동양에서 본 우리 몸의 주인, 기(氣)

동양철학의 양대 축, 주리론(主理論)과 주기론(主氣論) 중 주기론에서는 기야말로 만물의 근원이라고 봤다.

그렇다면 사람에게서도 기가 뿌리일까? 사람의 형태와 활동도 기가 결정하는 것일까? 기가 쇠진하면 사람의 목숨이 다한다는 점에서 기가 우리의 '모든 것'이라고 할 수도 있겠다. 서양과학에서는 기를 에너지로 번역하는 학자가 많다. 서양 과학자 중 우주의 모든 현상을 과학용어로 풀이할 수 있다고 믿는 '환원론적 유물론자'들은 정신현상과 물질현상을 함께 설명할 수 있는 기에 주목해 왔다. 그러나 동양철학에서도 기의 정체에 대해 통일된 견해가 없고 학파에 따라 다양한 해석을 내놓고 있다.

미국에서는 1992년부터 국립보건원(NIH)의 대체의학분과에서 기의 실체에 대해 연구하고 있고 수많은 과학자들이 기에 대해 연구하고 있다. 그러나 기의 실체는 아직 명확히 밝혀지지 않았다. 따라서 많은 과학자들이 기의 존재를 부정하고 있는 21세기 초에는 과학의 영역보다는 철학의 영역에 속하는 듯하다.

그러나 기의 존재를 주장하는 사람은 서양의학자들이 심장박동에 따라 피가 흐른다고 보지만 심장박동만으로는 피를 모세혈관 구석구석까지 2만 4,000㎞나 흐르게 할 수는 없다는 점 등을 내세우며, 기는 엄연한 실재이며 만물의 근원이라고 설명한다.

여하튼 우리 나라의 국선도·단학선원·연정원 등의 기 수련 단체에서는 지금도 '기를 살리려고' 단전(丹田)호흡을 배우는 사람들로 북적댄다. 국내 단전호흡 인구는 200만 명 정도로 추산된다. 이 중 대부분은 몸과 마음이 맑아졌다면서 흡족해하고 있지만 부작용인 기공병(氣功病)에 걸려 고생하는 사람도 적지 않다.

단전호흡은 기의 흐름을 조절하는 기공의 하나다. 기공은 중국에선 쿵푸, 우슈 등의 움직이면서 기를 조절하는 동공(動功)을, 우리 나라에서는 움직임이 없는 정공(靜功)인 단전호흡을 중시한다.

한의학에 따르면 사람에게는 2개의 내단전과 4개의 외단전이 있다. 내단전 중 배꼽 아래 3~5㎝에 있는 하(下)단전을 중심으로 숨쉬는 것이 단전호흡이다. 허리뼈 2, 3번 사이에 있는 명문(命門)을 통해 기를 들여와 호흡하기 때문에 명문호흡이라고도 한다.

단전호흡을 하면 대부분 피로감이 가시고 정신이 맑아지지만 무리하면 기공병이 생긴다. 수련 초기에는 눈이 맑아지거나 후각 등 감각기관이 발달하고 손발이 따뜻해진다. 또 침이 많이 생기고 식욕과 성욕이 증가하며 온몸과 위장이 떨리는

'진동현상'을 경험하기도 한다.

기공병에는 주화(走火)와 입마(入魔)가 있다. 단전호흡을 하면 수승화강(水昇火降), 즉 찬 기운은 올라가고 뜨거운 기운은 내려가는 현상이 일어나야 하지만, 화가 아무렇게나 흐르는 것이 주화다. 머리가 아프고 얼굴이 달아오르며 눈이 충혈되기도 한다. 또 귀울림(이명, 耳鳴), 조루, 복통 등의 증세가 나타나기도 한다.

입마는 마귀에 붙들리는 것이다. 환청, 환시, 환각, 정서 불안, 수면장애 등이 나타나고, 마치 자신이 신통력을 얻은 것처럼 착각하기도 한다.

실제로 한방병원의 기공센터에는 기 수련을 하다가 주화 입마의 증세 때문에 찾아오는 환자가 적지 않다.

이런 점을 보면 기가 있기는 있는 모양이다. 그러나 기가 존재하는 것이 사실이라고 해도 이것이 우리 몸의 에너지의 흐름에 불과한 것인지, 아니면 우리 몸의 생성 및 기능의 원리인지는 또 다른 문제이다.

가슴에 있는 나의 주인, 면역계

메추라기에서 뇌 전단계인 '뇌포(腦胞)'를 떼어내 닭의 배(胚)에 이식하면 알을 깨고 나와 어떻게 울까?

일본에서 이뤄진 이와 같은 실험의 결과 이 키메라(chimera)는 고개를 한 번 흔들며 삐삐 우는 병아리 방식이 아니라 고개를 세 번 흔들며 삐삐삐 우는 메추라기의 방식이었다. 다만 병아리의 발성기관을 갖기 때문에 소리는 메추라기보다 고음이었다. 이 키메라는 10여 일 만에 죽었다. 면역계가 메추라기의 뇌를 외부에서 침입한 세균과 같은 존재로 인식해 죽였기 때문이다. 연구팀은 이를 근거로 동물의 주인은 뇌가 아니라 면역계라고 주장했다.

예로부터 인간의 마음은 가슴에 있다고 여겨왔는데, 육체를 관장하는 그 마음이 면역계에서 핵심 역할을 하는 '가슴샘(흉선)'과 어떤 식으로든 관련이 있지 않을까? 이 실험결과는 여러 가지 철학적 질문을 던지지만 여하튼 면역계를 알면 최소한 인간이 왜 병에 걸리는지를 알게 된다. 고타마 싯달타를 출가토록 만든 질문의 하나이며 과거 숱한 사상가와 과학자들이 파고 든 문제, 즉 사람은 왜 병에 걸리는지에 대한 해답의 고갱이에는 면역계가 있다.

우리 몸의 세포는 마치 아군임을 나타내는 견장처럼 '사람백혈구항원(HLA)'이라는 단백질을 갖고 있다. 면역계는 '견장'이 다른 세포를 솎아낸다. 견장이 다른 세포에는 원래 아군이었던 것도 포함된다.

면역계의 중심에 있는 가슴샘은 가슴에 있는 말랑말랑하고 뽀얀 장기이다. 가슴샘은 면역반응을 담당하는 T세포를 완성시켜 혈액으로 내보낸다. 인체의 면역에서 주된 역할을 하는 T세포는 골수에서 만들어지자마자 가슴샘으로 보내지고 가슴샘은 '스파르타식 교육'을 연상시킬 정도로 엄격한 교육을 한다. 건강한 인체에서는 생산된 T세포의 96~97%가 가슴샘의 교육과정에서 탈락한다. 자기를 공격할 수 있거나 세균이나 바이러스 같은 비자기(非自己)를 인식하지 못하는 세포는 모조리 제거되는 것이다.

가슴샘은 10대 초반에는 최대 35g이지만 40대에서는 절반, 60대에서는 4분의 1로 줄어든다. 가슴샘이 퇴화하면 T세포의 교육은 말초 림프절에서 주로 이뤄진다. 최근에는 편도선에서도 T세포의 교육이 이뤄지는 것으로 드러나고 있기 때문에 편도선은 가급적 자르지 않는 것이 좋다.

가슴샘이 퇴화하면서 면역계에 자기를 공격하는 T세포가 돌아다니게 된다. 중년 이후에는 면역계가 정상조직을 공격하는 류머티스 관절염과 같은 '자가면역 질환'이 잘 생긴다. 이와 함께 암세포를 죽이는 NK세포와 킬러 T세포의 양이 급격히 줄면서 암의 발생이 는다.

한편 바이러스는 면역계를 교란시키는 작전을 끊임없이 개발한다. 감기를 일으키는 리노바이러스는 임파구가 바이러스에 대포를 쏘는 '포문'과 결합해 포문이 열리면 세포 안으로 쏙 들어간다. 성병을 일으키는 클라미디아는 백혈구 안에 들어간 다음 자신을 소화시키지 못하도록 방벽을 쌓는다. 말하자면 도둑이 경찰서 안에 둥지를 트는 격이다. 에이즈를 일으키는 HIV는 항원을 면역계에 알리는 보조 T세포 안에 숨는다.

면역계의 진화는 이들 바이러스 및 세균과 싸우는 역사였다. 그러나 바이러스도 자기의 생존과 번식을 위해 활동하는 것이지 숙주를 무조건 해치는 것은 아니다. 만약 숙주를 죽여 없앤다면 바이러스도 둥지를 틀고 살아갈 근거지가 없어지기 때문이다.

물론 바이러스가 주된 숙주를 선택할 수도 있기 때문에 흉학한 바이러스가 마음먹기에 따라 인류가 절멸할 수도 있다. 다행인 점은 인류의 면역계가 수동적이지만은 않다는 것이다.

인류의 역사는 바이러스, 세균 등 침입군에 대한 전쟁의 역사였으며 이 과정에서 인체의 면역계는 수많은 방어 전략과 전술, 무기들을 개발해 왔다. 물론 의학자들조차 인간의 면역체계에 대해 100만분의 1도 모르지만, 이제 겨우 어섯눈을 떴지만, 면역계 역시 인류의 주인공으로 대접받을 충분한 가치가 있다.

참고문헌

김종성, 『뇌에 관해 풀리지 않는 의문들』, 지호, 2001.

서유헌, 『잠자는 뇌를 깨워라』, 평단문화사, 2000.

이춘성·이춘기, 『상식을 뛰어넘는 허리병, 허리 디스크 이야기』, 한국학술정보, 2000.

조용진, 『얼굴, 한국인의 낯』, 사계절, 1999.

낸시 에트코프, 이기문 옮김, 『미-가장 예쁜 유전자만 살아남는다』, 살림, 2000.

데스먼드 모리스, 김석희 옮김, 『털없는 원숭이 : 동물학적 인간론』, 영언문화사, 2001.

데스먼드 모리스, 이규범 옮김, 『바디 워칭』, 범양사, 1997.

랜덜프 네스·조지 윌리엄스, 최재천 옮김, 『인간은 왜 병에 걸리는가』, 사이언스북스, 1999.

리처드 도킨스, 홍영남 옮김, 『이기적 유전자』, 을유문화사, 2002.

마빈 해리스, 김찬호 옮김, 『작은 인간 : 인류에 관한 102가지 수수께끼』, 민음사, 1997.

매릴린 엘롬, 유길순 옮김, 『유방의 역사』, 자작나무, 1999.

윌리엄 바스, 황영일 옮김, 『사람의 뼈대』, 아르케, 2000.

재레드 다이아몬드, 김정흠 옮김, 『제3의 침팬지 : 인류는 과연 멸망하고 말 것인가』, 문학사상사, 1996.

존 네이피어, 이민아 옮김, 『손의 신비』, 지호, 1999.

콜린 블레이크모어, 유범희 편역, 『마인드 머신』, 사이언스북스, 1997.

크리스티안 노스럽, 강현주 옮김, 『여성의 몸, 여성의 지혜』, 한문화, 2000.

타다 토미오, 황상익 옮김, 『면역의 의미론 : 자기란 무엇인가』, 한울, 1998.

피트 브론 외, 이인철 옮김, 『냄새 그 은밀한 유혹』, 까치, 2000.

인체의 신비

펴낸날 초판 1쇄 2003년 8월 15일
초판 7쇄 2013년 12월 10일

지은이 이성주
펴낸이 심만수
펴낸곳 (주)살림출판사
출판등록 1989년 11월 1일 제9-210호

주소 경기도 파주시 문발동 522-1
전화 031-955-1350 팩스 031-624-1356
기획 · 편집 031-955-4662
홈페이지 http://www.sallimbooks.com
이메일 book@sallimbooks.com

ISBN 978-89-522-0119-5 04080

126 초끈이론 아인슈타인의 꿈을 찾아서

eBook

박재모(포항공대 물리학과 교수) · 현승준(연세대 물리학과 교수)

빠르게 발전하고 있는 초끈이론을 일반대중이 이해할 수 있도록 쉽게 풀어쓴 책. 중력을 성공적으로 양자화하고 모든 종류의 입자와 그들 간의 상호작용을 포함하는 모형으로 각광받고 있는 초끈이론을 설명한다. 초끈이론을 이해하기 위해 필요한 양자역학이나 일반상대론 등 현대물리학의 제 분야에 대해서도 알기 쉽게 소개한다.

125 나노 미시세계가 거시세계를 바꾼다

eBook

이영희(성균관대 물리학과 교수)

박테리아 크기의 1000분의 1에 해당하는 크기인 '나노'가 인간세계를 어떻게 바꿔 놓을 것인지에 대한 해답을 제시하는 책. 나노기술이란 무엇이고 나노크기의 재료들은 어떻게 만들어지는가, 나노크기의 재료들을 어떻게 조작해 새로운 기술들을 이끌어내는가, 조작을 통해 어떤 기술들을 실현하는가를 다양한 예를 통해 소개한다.

448 파이온에서 힉스 입자까지

eBook

이강영(경상대 물리교육과 교수)

누구나 한번쯤 '우주는 어디에서 시작됐을까?' '물질의 근본은 어디일까?'와 같은 의문을 품어본 적은 있을 것이다. 물질과 에너지의 궁극적 본질에 다가서면 다가설수록 우주의 근원을 이해하는 일도 쉬워진다고 한다. 이 책은 바로 이러한 질문들의 해답을 찾기 위해 애쓰는 물리학자들의 긴 여정을 담고 있다.

035 법의학의 세계

eBook

이윤성(서울대 법의학과 교수)

최근 드라마나 영화를 통해 일반인의 호기심을 자극하고 있지만 기의 알려지지 않은 법의학을 소개한 책. 법의학의 여러 분야에 대한 소개, 부검의 필요성과 절차, 사망의 원인과 종류, 사망시각 추정과 신원확인, 교통사고와 질식사 그리고 익사와 관련된 흥미로운 사건들을 통해 법의학에 대한 이해를 돕는다.

395 적정기술이란 무엇인가 eBook

김정태(적정기술재단 사무국장)

적정기술은 빈곤과 질병으로부터 싸우고 있는 전 세계의 사람들에게 희망을 안겨주는 따뜻한 기술이다. 이 책에서는 적정기술이 탄생하게 된 배경과 함께 적정기술의 역사, 정의, 개척자들을 소개함으로써 적정기술에 대한기본적인 이해를 돕고 있다. 소외된 90%를 위한기술을 통해 독자들은 세상을 바꾸는 작지만 강한 힘이란 무엇인가에 대해서 알 수 있을 것이다.

022 인체의 신비

이성주(코리아메디케어 대표)

내 자신이었으면서도 여전히 낯설었던 몸에 대한 지식을 문학, 사회학, 예술사, 철학 등을 접목시켜 이야기해 주는 책. 몸과 마음의 신비, 배에서 나는 '꼬르륵' 소리의 비밀, '키스'가 건강에 이로운 이유, 인간은 왜 언제든 '사랑'할 수 있는가에 대한 여러 학설 등 일상에서 일어나는 수수께끼를 명쾌하게 풀어 준다.

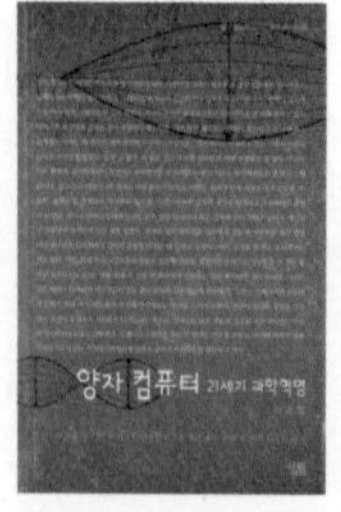

036 양자 컴퓨터 eBook

이순칠(한국과학기술원 물리학과 교수)

21세기 인류 문명에서 가장 중요한 요소 중의 하나로 꼽히는 양자 컴퓨터의 과학적 원리와 그 응용의 효과를 소개한 책. 물리학과 전산학 등 다양한 학문적 성과의 총합인 양자 컴퓨터에 대한 이해를 통해 미래사회의 발전상을 가늠하게 해준다. 저자는 어려운 전문용어가 아니라 일반 대중도 이해가 가능하도록 양자학을 쉽게 설명하고 있다.

214 미생물의 세계 eBook

이재열(경북대 생명공학부 교수)

미생물의 종류 및 미생물과 관련하여 우리 생활에서 마주칠 수 있는 여러 현상들에 대해, 알기 쉽게 풀어 설명한다. 책을 읽어나가며 독자들은 미생물들이 나름대로 형성한 그들의 세계가 인간의 그것과 다름이 없음을, 미생물도 결국은 생물이고 우리와 공생하고 있다는 사실을 알 수 있을 것이다.

375 레이첼 카슨과 침묵의 봄 eBook

김재호(소프트웨어 연구원)

『침묵의 봄』은 100명의 세계적 석학이 뽑은 '20세기를 움직인 10권의 책' 중 4위를 차지했다. 그 책의 저자인 레이첼 카슨 역시 「타임」이 뽑은 '20세기 중요인물 100명' 중 한 명이다. 과학적 분석력과 인문학적 감수성을 융합하여 20세기 후반 환경운동에 절대적 영향을 준 레이첼 카슨과 『침묵의 봄』에 대한 짧지만 알찬 안내서.

277 사상의학 바로 알기 eBook

장동민(하늘땅한의원 원장)

이 책은 사상의학이라는 단어는 알고 있지만 심리테스트 정도의 흥밋거리로 알고 있는 사람들에게 바른 상식을 알려 준다. 또한 한의학이나 사상의학을 전공하고픈 학생들의 공부에 기초적인 도움을 준다. 사상의학의 탄생과 역사에서부터 실생활에서 적용할 수 있는 간단한 사상의학의 방법들을 소개한다.

356 기술의 역사 뗀석기에서 유전자 재조합까지

송성수(부산대학교 기초교육원 교수)

우리는 기술을 단순히 사물의 단계에서 생각하기 쉽다. 하지만 기술에는 인간의 삶과 사회의 배경이 녹아들어 있다. 기술의 역사를 통해 우리는 기술과 문화, 기술과 인간의 삶을 연결시켜 생각할 수 있게 될 것이다. 이 책을 읽은 후 주변에 있는 기술을 다시 보게 되면, 그 기술이 뭔가 다른 느낌으로 다가올 것이다.

319 DNA분석과 과학수사 eBook

박기원(국립과학수사연구소 연구관)

범죄수사에서 유전자분석에 대한 관심이 커지고 있지만 간단하게 참고할 만한 책은 거의 없는 실정이다. 이 책은 적은 분량이지만 가능한 모든 분야와 최근의 동향을 소개하고 있다. 특히, 내용의 이해를 돕기 위하여 서래마을 영아유기사건이나 대구지하철 참사 신원조회 등 실제 사건의 감정 사례를 소개하는 데도 많은 비중을 두었다.

eBook 표시가 되어있는 도서는 전자책으로 구매가 가능합니다.

022 인체의 신비 | 이성주
023 생물학 무기 | 배우철 eBook
032 최면의 세계 | 설기문 eBook
033 천문학 탐구자들 | 이면우
034 블랙홀 | 이충환 eBook
035 법의학의 세계 | 이윤성 eBook
036 양자 컴퓨터 | 이순칠 eBook
124 우주 개발의 숨은 이야기 | 정홍철 eBook
125 나노 | 이영희 eBook
126 초끈이론 | 박재모 · 현승준 eBook
183 인간복제의 시대가 온다 | 김홍재
184 수소 혁명의 시대 | 김미선 eBook
185 로봇 이야기 | 김문상 eBook
214 미생물의 세계 | 이재열 eBook
215 빛과 색 | 변종철 eBook
216 인공위성 | 장영근 eBook
225 권오길 교수가 들려주는 생물의 섹스 이야기 | 권오길 eBook
226 동물행동학 | 임신재 eBook
258 질병의 사회사 | 신규환
272 의학사상사 | 여인석
273 서양의학의 역사 | 이재담
274 몸의 역사 | 강신익
275 인류를 구한 항균제들 | 예병일
276 전쟁의 판도를 바꾼 전염병 | 예병일
277 사상의학 바로 알기 | 장동민
278 조선의 명의들 | 김호
287 별을 보는 사람들 | 조상호
319 DNA분석과 과학수사 | 박기원
341 하지홍 교수의 개 이야기 | 하지홍
356 기술의 역사 | 송성수
373 꼭 알아야 하는 미래 질병 10가지 | 우정헌 eBook
374 과학기술의 개척자들 | 송성수 eBook
375 레이첼 카슨과 침묵의 봄 | 김재호 eBook
379 어떻게 일본 과학은 노벨상을 탔는가 | 김범성 eBook
389 위대한 여성 과학자들 | 송성수 eBook
395 적정기술이란 무엇인가 | 김정태 · 홍성욱 eBook
415 쓰나미의 과학 | 이호준 eBook
442 소프트웨어가 세상을 지배한다 | 김재호 eBook
448 파이온에서 힉스 입자까지 | 이강영 eBook
458 미사일 이야기 | 박준복 eBook
461 비타민 이야기 | 김정환 eBook

㈜살림출판사
www.sallimbooks.com
주소 경기도 파주시 문발동 522-1 | 전화 031-955-1350 | 팩스 031-955-1355